Das Kiehnle Backbuch

HÄDECKE VERLAG

Der Erstausgabe des Buches wurde von der Gastronomischen Akademie Deutschlands im Literarischen Wettbewerb eine SILBERMEDAILLE und das Prädikat ZU EMPFEHLEN zuerkannt. Frankfurt am Main, 27. Juni 1975

Bildnachweis:
Einband: Edith Gerlach, Frankfurt/M.
Abbildung der Holzmodel: DEUTSCHES BROTMUSEUM, Ulm/Donau.
Farbtafeln auf den Seiten: 19, 20, 38, 55, 56, 73 und 126 mit freundlicher Genehmigung von: KRAFT Marketing Service, Eschborn/Frankfurt.
Farbtafel auf Seite 37 mit freundlicher Genehmigung des Deutschen Reform Verlags, Bad Homburg.
Farbtafeln auf Seite 91 und 143 mit freundlicher Genehmigung von KÜCHLE Oblatenfabrik, Günzburg.
Farbtafel auf Seite 125 mit freundlicher Genehmigung der MAIZENA VERSUCHSKÜCHE.
Farbtafeln auf Seite 74 und 92: Hädecke-Archiv/Gerlach.
Farbtafeln auf Seite 144 und 177: Hädecke-Archiv/Diestel.
Farbtafel auf Seite 178: Hädecke-Archiv/Kleinhempel.

Neuausgabe

ISBN 3-7750-0116-6

Einbandentwurf: Monika Graff nach einem Foto von Edith Gerlach.
© Walter Hädecke Verlag, 7252 Weil der Stadt 1982. Nachdruck, auch auszugsweise, nur mit Genehmigung des Verlages. Alle Rechte vorbehalten, insbesondere die der Übersetzung, der Übertragung durch Bild- oder Tonträger, des Vortrags und der fotomechanischen Wiedergabe.
Printed in Germany.
Satz: Manhillen Fotosatz, 7255 Rutesheim
Druck: W. Röck, 7102 Weinsberg

Inhaltsverzeichnis

Ein Wort über Teig,
Füllung, Belag und Guß   7

Die richtigen Geräte und Formen   9

Backtips von A bis Z   11

Backzutaten von A bis Z   17

Hefegebäck   27

Rührkuchen   47

Kuchen und Torten mit Obst und Quark   57

Torten   80

Blätterteig – Brandteig – Strudel   103

Kaffee- und Teegebäck   111

Kleingebäck und Weihnachtsgebäck   130

Konfekt   168

Cremes und Glasuren   174

Pikantes Gebäck   183

Brote und Brötchen   190

Backen mit Fertigprodukten – schnell und leicht   198

Rezepte von A bis Z   207

Grundrezepte: Falttafel am Schluß des Buches

KL	=	Kaffeelöffel	g =	Gramm
EL	=	Eßlöffel	kg =	Kilogramm
l	=	Liter	Msp =	Messerspitze

1 KL = 5–6 g fester Stoff (z. B. Mehl, Zucker)
     = 4–7 g Flüssigkeit

1 EL = 10–20 g fester Stoff
     = 15–20 g Flüssigkeit
     = 25–30 g dickflüssiger Stoff.
1 Tasse = ca. 8 EL = ⅛ l

Ein Obstkuchen ergibt 12 Stück, eine Torte 12–16 Stück. Ein Kuchen aus der Kasten- oder Rodonform ergibt ca. 16 Stück.

Ein Wort über Teig, Füllung, Belag und Guß

Die erste Überlegung

Ehe Sie mit Backen anfangen, sollten Sie an die Geschmackswünsche der Familienangehörigen und die Kapazitäten der Gäste denken: Brauche ich einen sättigenden, »dicken« Kuchen oder eine Obsttorte, Roulade oder Kleingebäck, süß oder pikant? Wer auf die Linie achten muß, wird nicht glücklich sein, sich als Gast erst durch den obligaten Gugelhupf oder Hefekranz zum leichteren Obstkuchen »durchessen« zu müssen.
Aufgrund dieser Überlegungen entscheidet man: Wie viele Kuchen, aus welchem Teig, mit welchem Belag oder Guß oder mit welcher Füllung.

Grundrezepte für die vier wichtigsten Teigarten – praktisch, zum Ausklappen

Am Schluß des Buches finden Sie die vier wichtigsten Grundrezepte auf einer Falttafel zum Ausklappen. Neben dem jeweiligen Kuchenrezept können Sie damit ohne Umblättern stets sichtbar das dazugehörige Grundrezept nachlesen.

Welcher Teig?

Es gibt keine Vorschrift, mit welchem Boden beispielsweise ein Kirschkuchen zu backen wäre. Und es liegt einzig und allein bei Ihnen, ob Sie Pfirsiche lieber auf einen gerührten oder auf einen Biskuitteig legen. Dieses Buch gibt nur Empfehlungen – ohne jeden Anspruch auf Vollständigkeit. Das ist ja eben das Reizvolle an der häuslichen Bäckerei, daß alle Spielarten erlaubt und möglich und der Phantasie der Bäckerin keine Grenzen gesetzt sind. Es empfiehlt sich zum Beispiel, als Unterlage für einen sehr nassen Kuchen aus frischem Obst eher einen Hefeteig als einen Mürbteig (Knet- oder Hackteig) zu nehmen. Der traditionelle schwäbische Gugelhupf kann ebenso gut aus Rührteig wie aus Hefeteig hergestellt werden; entscheidend ist der Geschmack der Familie oder die Zeit, die aufzubringen die Hausfrau bereit ist. Eine Anfängerin sollte – bis sie mehr Übung hat – es mit Rühr-, Knet- oder Biskuitteig oder einer Backmischung versuchen.
Aber auch ein Hefeteig ist kein »Hexenwerk«. Werden ein paar Tips berücksichtigt, gibt Ihnen das Ergebnis recht:
Alle Zutaten sollen gleichmäßig erwärmt sein. Die Eier evtl.

zum Erwärmen vor dem Aufschlagen kurz in warmes Wasser legen. Butter oder Margarine lauwarm zergehen lassen, jedoch nie erhitzen.

Hefegebäck mißlingt, wenn die Hefe zu alt ist oder zu heiß angerührt wird oder wenn der Teig zum Aufgehen zu heiß gestellt wird.

Ein schwerer Teig (z. B. Christstollen) braucht 2–3 Stunden, ein leichter Teig (z. B. Hefe-Kleingebäck) ½–1½ Stunden Ruhezeit.

Hefeteig muß im vorgeheizten Backofen bei guter Mittelhitze nicht zu rasch, aber auch nicht zu langsam gebacken werden. Bei zu starker Hitze verflüchtigen sich die Gase zu schnell, bei zu geringer Hitze verdampft zu viel Wasser und Luft im Innern der Teigmasse. Das Gebäck bleibt dann niedrig (sitzen) und ist beim Aufschneiden speckig.

Und eines dürfen Sie bei der Zubereitung des Hefeteiges nicht vergessen: ein Hefeteig braucht Zeit ....

Welcher Guß?

Nicht anders als mit dem Teig für den Kuchenboden ist es auch mit dem Guß. Sie haben die Wahl! Für eine Obsttorte mit Biskuitboden empfehlen sich als Unterlage ein leichter Vanillepudding und als Guß einer der im Handel erhältlichen »Klaren Tortengüsse«. Auf einen Kuchen aus frischen Zwetschgen streuen Sie vielleicht nur mit Zucker und Zimt gewürzte und eventuell mit gehackten Mandeln angereicherte Semmelbrösel, die mit Rotwein befeuchtet sind, und eben noch einige Butterflöckchen darüber. Das Gleiche paßt gut zu Äpfeln, doch können Sie genauso gut einen einfachen Guß aus Eiern, süßer oder saurer Sahne und vielleicht Rosinen darübergeben. Was Sie darum im folgenden finden, sind Grundrezepte und einzelne Beispiele für besonders »sichere« oder empfehlenswerte Kuchen. An Ihnen ist es, zum angeschlagenen Thema die Variationen zu erfinden!

Die richtigen Geräte und Formen

Rührschüssel Sie soll nicht zu flach und breit sein, damit der Teig beim Rühren nicht überschwappt. Am besten haben sich die neuen Plastikschüsseln bewährt, die am Boden einen Gummiring haben. Sie können nicht abrutschen und haben beim Teigrühren und Schneeschlagen eine ausgezeichnete Standfestigkeit.

Handrührer Der elektrische Handrührer mit Rührbesen und Knethaken gehört zum unentbehrlichen Hilfsmittel in jeder Küche. Den Rührbesen verwendet man für alles, was cremig und schaumig werden soll: Cremefüllungen, Schlagsahne, Eischnee, Rührteig, Biskuitteig usw. Der Knethaken wird für die festeren Teigarten, Hefeteig, Knetteig usw., eingesetzt.

Kuchenformen Hier gibt es die unterschiedlichsten Formen und Qualitäten. Wichtig ist: dunkle Backformen eignen sich für den Elektroherd, helle Formen für den Gasherd. Aus teflonbeschichteten Formen löst sich der Kuchen besser, doch sind sie gegen Kratzer empfindlich. Formen aus Jenaer Glas, z. B. für Gugelhupf und Aufläufe, haben den Vorteil, daß man von außen sieht, ob der Kuchen gut durchgebacken ist. Für die Grundausstattung genügen zwei Formen: Die **Kastenform** mit 26–28 cm Länge und die **Springform** mit einem Durchmesser von 26 cm und zwei Einsätzen: Der **flache Boden** wird für Torten, und Obstkuchen verwendet, die **Kranzform** eignet sich für Marmorkuchen, Frankfurter Kranz und für alle Kuchen, die man statt in der Kastenform gerne zur Abwechslung einmal in runder Form backen möchte.
Außerdem gibt es noch die unterschiedlichsten Sonderformen wie Herzen, Rehrückenformen, Napfkuchen- oder Gugelhupfform, flache große Kuchenbleche mit schrägem oder gezacktem Rand, die oft so groß sind, daß sie nicht in den Backofen passen, sondern zum Bäcker gebracht werden müssen.

Jeder Herd enthält mindestens ein Backblech, auf dem flache Hefekuchen und Biskuitteige für Schnitten und Rouladen gebacken werden. Es ist praktisch, das Backblech mit Aluminiumfolie oder Backpapier auszulegen und einen höheren Rand aufzubiegen, damit der Teig nicht wegläuft.

Neue Formen müssen zu Anfang besonders gut gefettet und mit Bröseln ausgestreut werden, damit der Teig nicht hängen bleibt. Gelegentlich wird auch empfohlen, normale Blechformen zuerst auszuglühen.

Was man sonst noch braucht

Backbrett
Meßbecher
Mehlsieb
Rüttelsieb für Puderzucker
Schneebesen
(evtl. zwei Größen)
Rührlöffel mit Loch
Teigschaber
Well- oder Rollholz
(evtl. zwei Größen)

Kuchengitter
Backpinsel zum Ausfetten
und Bestreichen
Mandelmühle
Aluminiumfolie und/oder
Backpapier
Holzstäbchen für die
Garprobe
Förmchen zum Ausstechen
von Kleingebäck

Back-Tips von A bis Z

Abkühlen Fertig gebackene Kuchen erst einige Minuten in der Form »schwitzen« lassen und dann vorsichtig auf ein Kuchengitter stürzen und auskühlen lassen. Nie in der Backform abkühlen lassen, da der Kuchen sonst kleben bleibt.

Aluminiumfolie Ein ideales Hilfsmittel zum Backen für zahlreiche Arbeitserleichterungen:
- Kleinere Teigmengen können auf großen Backblechen gebacken werden, ohne breit zu laufen, wenn man Aluminiumfolie zu einem Rand faltet.
- Dünner Teig, der leicht reißt, kann auf gefetteter Aluminiumfolie ausgewellt und mit der Folie auf das Backblech gelegt werden.
- Gebäck, z. B. Stollen, wird von unten weniger dunkel, wenn es mit Folie unterlegt ist. Außerdem behält es besser seine Form, wenn die Folie seitlich hochgeschlagen wird.
- Ein zu starkes Bräunen des Gebäcks von oben wird verhindert, wenn es nach einer gewissen Backzeit mit Folie abgedeckt wird.
- Kuchen können zum Frischhalten in Aluminiumfolie eingeschlagen werden. Gewürzkuchen entfaltet z. B. sein volles Aroma erst, wenn er über Nacht im Kühlschrank, in Folie gepackt, aufbewahrt wird.
- Einfache Backförmchen für Kleingebäck lassen sich leicht aus Alufolie herstellen, indem man Quadrate über Gläser oder einen Flaschenhals stülpt.

Ausrollen / Auswellen Teige kleben nicht an und brechen nicht, wenn sie auf Mehl bzw. Zucker ausgerollt werden. Mürbteig und feiner Knetteig, die besonders empfindlich sind, können auch zwischen zwei Bogen Backpapier ausgerollt werden. Wenn der untere Bogen vorher gefettet wird, kann er mit dem Teig leicht auf das Backblech gelegt werden.
Manchmal empfiehlt es sich, einen Teig erst im Backblech fertig auszurollen. Hierfür eignet sich am besten ein kleines Wellholz.

Backautomatik In Backöfen mit Abschaltautomatik und Temperaturregler können viele Kuchen automatisch gebacken werden. Bitte beachten Sie, daß die Backzeiten kürzer eingestellt werden müssen (7–10 Minuten), als im Rezept angegeben, da die Nachwärme des Backofens noch voll wirksam wird.

Backpapier erleichtert das Backen und läßt sich ähnlich wie Aluminiumfolie (siehe Seite 13) oder gefettetes Pergamentpapier verwenden. Es erspart das Einfetten des Bleches.

Blindbacken Backen ohne Belag. Den Teig für Torteletts in gefettete Förmchen drücken und darauf Erbsen oder Linsen füllen, die mitgebacken werden (bei Teflon beschichteten Förmchen entfällt das Einfetten). Das verhindert, daß die Torteletts zu stark ausbacken und der Rand in sich zusammenrutscht. Nach dem Backen die Hülsenfrüchte sofort herausnehmen. Sie können mehrere Male zum Blindbacken verwendet werden.

Einfetten Bleche und Formen kurz erwärmen und dann mit Margarine oder Öl einfetten. Eventuell mit Mehl oder Semmelbröseln ausstreuen, damit sich der Kuchen nach dem Backen leichter löst. Für Blätterteig wird das Backblech in der Regel nicht gefettet, sondern mit kaltem Wasser abgespült und naß mit dem Teig belegt.

Einfrieren Jedes Gebäck kann eingefroren werden. Es empfiehlt sich, Portionen in Aluminiumfolie einzuschlagen und zu beschriften. Das Einfrierdatum nicht vergessen. Die Lagerfähigkeit beträgt ungefähr
2 Monate für Rührteig und gefüllte Biskuittorten
3 Monate für Hefeteig und Schmalzgebäck
4 Monate für Blätterteig
5 Monate für Hefekuchen, Brote, Brötchen und Rührkuchen
6 Monate für ungefülltes Biskuitgebäck.
Damit das Gebäck nach dem Auftauen schön frisch ist, soll es unmittelbar nach dem Backen – beinahe noch lauwarm – eingefroren werden.

Einschubhöhe   Die richtige Einschubhöhe ist einer der Hauptfaktoren für das Gelingen des Gebäcks. Die Herde haben meistens drei oder vier Schubleisten. Die Formen müssen stets auf den Backrost, nie auf das Backblech gestellt werden, da die Unterhitze sonst zu stark abgedämmt wird.
- Untere Schiebeleiste: Hohes und halbhohes Gebäck in Spring- und Kastenformen, Napfkuchen, Aufläufe und Stollen.
- Mittlere Schiebeleiste: Flaches Gebäck und Kleingebäck.

Eischnee   muß zum Backen sehr steif geschlagen werden. Er wird meistens zuletzt vorsichtig unter die fertige Teigmasse gehoben (mit dem Rührbesen von Hand oder mit dem Handrührer auf langsamer Stufe). Beim Trennen des Eis darauf achten, daß kein Eigelb in das Eiweiß gerät, da der Schnee sonst nicht fest wird.

Energie   Auch beim Backen kann Energie gespart werden. Sie sparen Strom oder Gas, wenn Sie ca. 5 Minuten vor Ende der Backzeit (bei Backzeiten von über 60 Minuten ca. 10 Minuten vor Ende der Backzeit) die Wärmezufuhr abstellen und die restliche Speicherwärme ausnützen.

Frischhalten   Kuchen lassen sich, in Aluminiumfolie eingeschlagen, einige Tage im Kühlschrank frischhalten. Kleingebäck wird nach Sorten getrennt in gut schließenden Gläsern oder Blechdosen aufbewahrt. Siehe auch »Einfrieren«.

Garprobe   Hierfür wird ein Holzstäbchen in die Mitte des Kuchens gesteckt, ehe man ihn ganz aus der Röhre nimmt. Wenn kein Teig mehr am Stäbchen hängenbleibt, ist der Kuchen gar. Machen Sie bitte nicht den Fehler, schon nach kurzer Backzeit den Backofen zu öffnen, um dann immer wieder die Garprobe zu machen. Ihr Kuchen fällt dann garantiert zusammen und wird innen speckig. Vor allem Gebäck aus Brandteig (Windbeutel, Eclairs), das hauptsächlich aus Luft besteht, reagiert sehr empfindlich. Kluge Hausfrauen wenden hier eine Spezialgarprobe an: Das gefettete Backblech wird vor dem Backen mit Mehl bestäubt. Das sich bräunende Mehl verrät durch seinen Kuchenduft, wenn die Backzeit zu Ende ist.

Glasur Glasuren, die nicht richtig decken, werden mit einem Eiweiß angereichert und nochmal gut verrührt.
Einige Tropfen Essig oder etwas Palmin (letzteres bei gekochten oder mit heißem Wasser hergestellten Glasuren) verleihen ihnen einen besonders schönen Glanz.
Vor dem Glasieren werden anhaftende Brösel mit einem Pinsel entfernt. Poröse Oberflächen werden zunächst mit einer glatten Marmelade bestrichen. Das verhindert das Einsickern der nachfolgenden Glasur.
Wird Gebäck verschiedenfarbig glasiert, muß die erste Glasur erst völlig trocken sein, ehe die nächste aufgetragen wird, mit einer Ausnahme: Man erreicht ein besonders schönes Muster, wenn eine Torte (z. B. Prinzregententorte) mit dunkler Schokoladenglasur grundiert wird und man dann auf die noch feuchte Lage Linien mit einer weißen Spritzglasur zieht. Diese Linien werden mit einem Holzstäbchen oder Messerrücken durchquert, so daß eine Art Wellenmuster entsteht.

Grillgerät Auch den Tisch- oder Backofengrill kann man zum Backen einsetzen. Viele Rezepte dieses Buches können mit kleineren Mengen auch im Tischgrill zubereitet werden. Für die Herstellung von Baumkuchen eignet sich der Grill sogar besonders gut, da die einzelnen Schichten nur mit Oberhitze gebacken werden sollen.

Rühren Es soll stets in derselben Richtung erfolgen. Am einfachsten geht es mit dem elektrischen Handrührer.

Spritzen Man erleichtert sich das Spritzen von Teig, wenn auf das bemehlte Backblech vorher durch Eindruck mit einem Glas die Kreise eingezeichnet werden.
Spritzbeutel kann man selbst herstellen, indem man von kleinen Plastiktüten die Spitze abschneidet. Man bekommt dadurch sehr feine Öffnungen, durch die man fast fadenfeine Glasuren spritzen kann.

Stürzen Den Kuchen nach dem Backen kurz stehen lassen, dann mit einem Messer am Formrand vorsichtig lösen und auf ein Kuchengitter stürzen. Evtl. ein leicht feuchtes Küchentuch über die Form legen.

Temperaturen im Elektro-, Heißluft- und Gasherd	Elektroherd	Heißluftherd	Gasherd	Temperatur	
	50–100			Warmhaltetemperatur	Hefeteig gehen lassen
	ca. 150	ca. 120	Stufe 1	Trocknungstemperatur	Baiser (Meringen) trocknen
	ca. 175	ca. 135	Stufe 2	schwache Backhitze	Schaumgebäck Makronen, Rührkuchen, Biskuit, Lebkuchen, Früchtebrot
	ca. 200	ca. 170	Stufe 3	mittlere Backhitze	Rührkuchen, Biskuit, Biskuittorten, Käsekuchen, Mürbteig-Obstkuchen, Bröselteig, Brandteig, Strudel, Stollen, Früchtebrot, süße Stückchen, Kleingebäck, Lebkuchen, Brot
	ca. 225	ca. 200	Stufe 4	höhere Backhitze	Biskuit, Brandteig, Blätterteig, Hefegebäck, Hefe-Kleingebäck, Strudel, Stollen, Brot, Brötchen, Pikante Kuchen,
	ca. 250	ca. 220	Stufe 5	starke Backhitze	Blätterteig, Quarkblätterteig, Laugenbrezeln,

Diese Tabelle kann nur Annäherungs-Werte vermitteln.
* Bei allen Temperatureinstellungen müssen unbedingt die Angaben der Herstellerfirma des jeweiligen Backherdes beachtet werden – vor allem, da auch die Einschubhöhen unterschiedlich sind!

Tortenboden für mehrschichtige Torten erhält man, indem man den in der Springform gebackenen Teig mit dem Messer auf der gewünschten Höhe ringsum einschneidet und dann mit einem Faden umschlingt, der zugezogen wird. Unter die Tortenplatte wird ein Bogen Pergamentpapier geschoben, mit dessen Hilfe sie sich mühelos abheben läßt.
Zwei zusammengefaltete Bogen Pergamentpapier legt man auch über Kreuz unter eine Torte, die glasiert wird. Sie läßt sich dann leicht abheben, ohne daß die Glasur beschädigt wird.

Verzierungen Eine gute Hilfe sind Schablonen aus Papier (z. B. ein Herz oder eine Jahreszahl oder einfache Karos oder Streifen), die auf das Gebäckstück gelegt werden. Dann wird es mit Puderzucker überstäubt, die Schablone wird entfernt und das Muster zeigt sich auf dem dunklen Untergrund.
Andere Verzierungen erhält man durch verschiedenfarbige Glasuren, die aufgestrichen oder gespritzt werden (vgl. »Glasuren« und »Spritzen«).

Vorheizen Der für das Backen wesentliche Unterschied zwischen Gas- und Elektroherden ist, daß der Elektroherd vorgeheizt werden muß, da sich die Glühwärme erst langsam entwickelt. Beim Gasherd entfällt das Vorheizen, da die Flamme sofort in der gewünschten Stärke brennt und heizt. Bei Heißluftherden entfällt ebenfalls das Vorheizen. Es kann zugleich auf mehreren Ebenen gebacken werden, wobei das Gebäck mit der längsten Garzeit auf der untersten Schiene, das mit der kürzesten Garzeit auf der obersten Schiene eingesetzt wird. Beim Einschieben in den kalten Backofen erhöht sich die Gardauer um ca. 10 bis 20 Minuten – das hängt von der Größe des Gebäcks ab.

Backzutaten von A bis Z

Anis ist die getrocknete Spaltfrucht der Anispflanze mit einem stark süßlich-würzigen Aroma. Gemahlenen Anis rasch verbrauchen.

Arrak ist meist das Erzeugnis aus Palmsaft, vergorenem Reis und Zuckerrohrmelasse. Es gibt verschiedene Sorten, bei uns ist der Arrak aus Java der gebräuchlichste. Sein Aroma veredelt das Gebäck und kommt vor allem in der Punschglasur zur Geltung.

Backaroma gibt es in verschiedenen Geschmacksrichtungen (z. B. Vanille, Bittermandel u. a.). Einige Tropfen unterstreichen den Geschmack des jeweiligen Gebäcks. Sparsam verwenden!

Backoblaten werden stets auf das ungefettete Blech gelegt.

Backwachs Zum Bestreichen des Bleches, auf dem Kleingebäck gebacken werden soll, wurde früher häufig Backwachs genommen. Es ist in Form einer kleinen Platte erhältlich und wird in einer dünnen Schicht auf das Blech gestrichen. Wachs wird vom Gebäck nicht aufgenommen, während Fett in das Gebäck einzieht. Das Blech wird erst erhitzt und dann mit Wachs eingerieben.

Butter oder Margarine werden vor der Verarbeitung leicht erwärmt, so daß sie weich aber nicht flüssig sind (Ausnahme Mürbteig). Dann lassen sie sich am besten schaumig schlagen.
Für Mürb- oder Hackteig eignet sich besser harte Margarine oder Butter.

Datteln wachsen in Bündeln an Dattelpalmen und werden frisch oder getrocknet verkauft. Bei Verwendung ist Sparsamkeit geboten, da sie sehr süß sind.

Eier Stets frische Eier zum Backen verwenden! Die Eier in den Rezepten sind mittelgroß (ca. 55 bis 65 g). Hat man nur kleine

Eier oder sehr große Eier zur Verfügung, erhöht oder verringert sich die Stückzahl.
Eier stets einzeln über einer Tasse aufschlagen und dann erst zum Teig geben. Ein schlechtes Ei kann dann nicht den ganzen Teig verderben.

Eischnee muß zum Backen sehr steif geschlagen werden. Beim Trennen des Eis darauf achten, daß kein Eigelb in das Eiweiß gerät. Eiweiß stets in einem völlig fettfreien Behälter schlagen! Konditoren schlagen das Eiweiß von Hand in einer halbrunden Kupferschüssel mit einem Schneebesen. So kommt genügend Luft unter die Masse. Beim Schlagen mit dem Handrührer kann es passieren, daß das Eiweiß zu stark geschlagen wird und deshalb keinen Stand hat. Es empfiehlt sich für den Hausgebrauch, in einer Rührschüssel das Eiweiß mit dem elektrischen Handrührer solange vorzuschlagen, bis es schaumig ist. Dann mit dem großen Schneebesen von Hand weiterschlagen, bis der Eischnee in Spitzen stehen bleibt. Fertigen Eischnee nur sacht unterziehen, nie einrühren.
Kommt Zucker zu Eischnee, so wird dieser löffelweise unter stetem Schlagen untergerührt. Wenn der gesamte Zucker eingerührt ist, muß der Eischnee glänzen und schnittfest sein.

Feigen sind birnenförmige Früchte, die frisch entweder grün oder blau aussehen. Das frische Fruchtfleisch ist sehr weich und aromatisch, eignet sich aber zum Backen nicht. Getrocknete Feigen hingegen finden besonders in der Weihnachtsbäckerei oft Verwendung.

Fenchel Diese Doldenblütenpflanze, deren Früchte das ätherische Fenchelöl enthalten, findet in der Weihnachtsbäckerei und beim Brotbacken Verwendung.

Fertige Gewürzmischungen Spekulatiusgewürz, Honigkuchengewürz, Lebkuchengewürz, Christstollengewürz, geriebene Orangenschale u. a. mehr gibt es in haushaltsgerechten Packungen.

Fett Für das Backen von Dauerbackwaren (Kuchen oder Plätzchen) empfiehlt es sich, kein Pflanzenfett zu verwenden. Es bieten sich als Alternative Butter, Butterschmalz, doppelt raffiniertes Rinderfett oder frisches Schweineschmalz an.

Gewürze	Gewürze stets einzeln verpackt, licht- und luftundurchlässig aufbewahren. Angebrochene Packungen rasch verbrauchen, da sich das Aroma schnell verflüchtigt.
Haselnußkerne	die geschält werden sollen, werden einige Minuten auf dem Backblech im heißen Backofen geröstet und noch warm zwischen den Händen gerieben. Ungeschält zu verwendende Haselnüsse werden zuerst verlesen und dann in einem trockenen Tuch gut geschüttelt.
Honig	Das ist in der Weihnachtsbäckerei eine beliebte Zutat. Er findet in Lebkuchen, Honigkuchen und in verschiedenem Kleingebäck Verwendung.
Ingwer	Eine Gewürzlilie, deren getrockneter Wurzelstock ungeschält als schwarzer, geschält als weißer Ingwer, gebleicht oder gekalkt, kandiert, in Sirup eingelegt und in Pulverform verwendet wird. Er hat einen scharf-würzigen, etwas brennenden Geschmack und sollte nur in kleinen Mengen beigegeben werden.
Kardamom	Die getrockneten Samen der Kardamompflanze werden ganz oder in Pulverform angeboten. Kardamon ist geeignet für Spekulatius, Lebkuchen, Pfeffernüsse und Gewürzkuchen und hat einen brennend-würzigen Geschmack.
Koriander	Die getrockneten Spaltfrüchte der Korianderpflanze geben u.a. Lebkuchen und Spekulatius einen würzigen Geschmack.
Mandeln	Süße Mandeln werden nach Größen sortiert angeboten oder gehackt, in Blättchen gehobelt, gesplittert und gemahlen. Mandeln halten sich normal verpackt ca. 2 Monate, vakuumverpackt noch länger. Der Verbrauch von bitteren Mandeln sollte auf kleinste Mengen beschränkt bleiben, da der Genuß nicht ungefährlich ist.
Marzipan	gehört schon seit vielen hundert Jahren zu den beliebtesten Süßigkeiten. Bei uns ist das Königsberger und das Lübecker Marzipan bekannt. Königsberger Marzipan wird unter Verwendung von Rosenwasser hergestellt und nach dem Trocknen überbacken und oft mit Belegfrüchten verziert. Lü-

Marzipan becker Marzipan wird mit Bittermandelöl hergestellt und kann weiterverarbeitet werden. Außerdem gibt es Marzipanrohmasse und Marzipanersatz zu kaufen. Verwendung von Rohmarzipan Seite 172. Marzipanersatz wird auch unter der Bezeichnung Persipan gehandelt, die teuren Mandeln sind in dem Falle durch Pfirsich- oder Aprikosenkerne ersetzt.

Mehl In den Rezepten dieses Buches ist, wenn nicht anders angegeben, Weizenmehl der Type 405 verwendet. Dieses Mehl ist geschmacksneutral, schwach ausgemahlen, d. h. der Gehalt an Vitaminen und Mineralstoffen ist gering. Je höher die Typenzahl, desto reicher an Vitaminen und Mineralien ist ein Mehl und desto dunkler. Die gängigsten Weizenmehle sind: Type 405, 550 und 1050. Roggenmehl: Type 1150 und 1370. Zum Brotbacken wird oft auch Schrot verwendet, der möglichst frisch gemahlen sein sollte (es gibt eine Vielzahl von Mühlen für den Haushalt), Weizenschrot Type 1700 und Roggenschrot Type 1800. In guten Reformgeschäften oder landwirtschaftlichen Genossenschaften kann man die Mehle und Schrot frisch kaufen. Sie müssen rasch verbraucht werden.

Mohn Stets gemahlenen Mohn verwenden, da nur er Flüssigkeit aufnehmen und so quellen kann. Es gibt spezielle Mohnmühlen. Man kann aber auch eine Kaffeemühle mit Schlagwerk nehmen. Eine Kaffeemühle mit Mahlwerk ist ungeeignet, da sie durch den öligen, klebrigen Mohn verstopft wird.

Muskat kann aus der Muskatnuß und der Muskatblüte gewonnen werden. Beide werden getrocknet, im ganzen oder als Pulver angeboten. Der Geschmack ist leicht bitter und feurig-aromatisch, wobei die Muskatblüte etwas milder im Aroma ist.

Nelken Die Blütenknospen des Gewürznelkenbaumes, die kurz vor dem Aufblühen geerntet werden. Sie werden ganz oder gemahlen verwendet, ihr Geschmack ist brennend-kräftig und scharf; sie sollten in einem gut verschlossenen Glas aufbewahrt werden, um ihr Aroma nicht zu verlieren.

Orangeat wird aus der Schale der Bitterorange (Spanien, Sizilien, Südafrika) hergestellt, die Gewinnung gleicht der von Zitronat. Die Farbe ist tief-orange bis bräunlich, der Geschmack bittersüß.

Piment heißen die kurz vor der Ernte gepflückten Beeren des Nelkenpfefferbaumes. Zum Backen wird Piment gemahlen verwendet. Der Geschmack ist nelkenähnlich mit der Schärfe von Pfeffer. Besonders geeignet für Honiggebäck.

Pistazien Die nicht ganz haselnußgroßen Früchte des Pistazienstrauches oder -baumes werden im Mittelmeerraum geerntet. Im Handel werden sie meist ohne Schale und von grüner Farbe angeboten. Sie sollten wegen ihres hohen Ölgehaltes nicht allzu lange aufbewahrt werden.

Pomeranzenschale Die Pomeranze ist die ursprüngliche Form der Orange mit nußgroßen Früchten und hat einen stark würzigen, etwas bitteren Geschmack. In den Fruchtschalen ist ein ätherisches Öl enthalten. Zum Backen wird die Schale nur in ganz kleinen Mengen verwendet.

Quark (Topfen) Um den Quark möglichst trocken zu verwenden, empfiehlt es sich, ihn auf ein grob gewebtes Baumwolltuch zu geben und entweder hängend abtropfen zu lassen oder ihn mit der Hand auszudrücken, damit die Molke herausgepreßt wird.

Resteverwertung Ist trockenes Gebäck übriggeblieben, wie Teekuchen, Plätzchen, Biskuit, so empfiehlt es sich, daraus Brösel zu machen, die man zum Ausstreuen der Kuchenform oder unter Obstkuchenbelag verwenden kann. Ist mehr trockener Kuchen übrig, so schneidet man ihn in Scheiben, streicht zwischen die Scheiben eine frisch zubereitete Creme (Rezepte Seite 207) oder bestreicht mit einer Konfitüre. Das Gebäck wird in Tortenform gebracht und mit Schlagsahne vollständig überzogen und mit kandierten oder frischen Früchten dekoriert. Oder man überzieht es mit einem Guß (Rezepte Seite 207) und verziert es mit fein geschnittenem Orangeat und Zitronat, gehackten und halbierten Nüssen oder spritzt mit andersfarbigem Guß ein Fantasiemuster darauf.
Tortenreste, Biskuitrouladen, Blätterteigstückchen etc. werden am besten entweder einzeln in Frischhaltefolie oder in familiengerechten Portionen eingefroren und innerhalb von vier Wochen verzehrt.

Rosenwasser ist in der Apotheke erhältlich.

Rosinen sind alle Arten von getrockneten Weinbeeren bestimmter Traubensorten. Sie werden reif gepflückt und dann getrocknet. Es gibt Sultaninen, Korinthen und Traubenrosinen.
Sultaninen sind kernlos, fleischig, saftig, großbeerig und verschiedenfarbig. Der Farbton ändert sich je nach Weiterverarbeitung der Frucht. Unbehandelte Sultaninen sind dunkel, geschwefelte sind von brauner bis goldgelber Farbe.
Korinthen sind kernlos, schwarzblau und sehr klein. Sie sind stets ungeschwefelt.
Traubenrosinen sind besonders groß, saftig, dunkelblau mit Kernen und Stielen. Sie eignen sich deshalb zum Backen nicht, es sei denn man macht sich die Mühe und entkernt sie. Auch bei Rosinen gibt es Qualitätsunterschiede: Am besten und am teuersten sind die kalifornischen Rosinen. Rosinen sollten luftdicht, dunkel und kühl aufbewahrt werden und spätestens nach einem halben Jahr verbraucht sein, sonst verzuckern sie und verlieren dadurch an Geschmack.
Rosinen werden auf einem bemehlten Tuch zwischen den Händen gerieben und die Stiele entfernt. Man kann sie auch entstielen, rasch waschen, ausgebreitet trocknen, kurz vor der Verwendung etwas anwärmen und leicht mit Mehl bestäuben. Das Untersinken im Teig wird dadurch vermieden.

Rum wird aus Zuckerrohr gewonnen und stammt weitgehend aus der Karibik, dem Süden Asiens, von den Philippinen und Madagaskar. Zum Backen wird meist der 54%ige Rum verwendet, 80%iger Rum und weißer Rum eignen sich mehr für Mixgetränke.

Safran Die getrockneten Blütennarben der Safranpflanze sind im Handel als Samenfäden und als Pulver erhältlich. Der Geschmack ist würzig-süßlich-bitter. Wegen seiner Intensität der Farbe und Würzkraft sollen nur kleine Beigaben zu Rührkuchen und Kleingebäck verwendet werden.

Salz Bei der Zubereitung von Dauerbackwaren muß darauf geachtet werden, daß in jedem Falle Salz zugegeben wird.

Semmelbrösel in die gefettete Backform gestreut, verhindern, daß sich der Kuchen am Boden oder Rand ansetzt.

Sternanis ist die Frucht eines tropischen Magnolienbaumes. Aroma und Geschmack sind dem europäischen Anis ähnlich. – nur intensiver und feuriger. Im Handel ganz oder gemahlen erhältlich.

Treibmittel

Backpulver wird mit Mehl vermischt und durchgesiebt. Es verteilt sich am besten, wenn man ein wenig Mehl (1–2 EL) zurückbehält, mit dem Backpulver vermischt und dann zum Teig gibt.

Hefe soll frisch und einwandfrei sein. Frische Preßhefe sieht gelblich-weiß aus, riecht obstartig, aber nicht sauer, fühlt sich feucht an und läßt sich dann leicht zerbröckeln und glatt verrühren. In ein feuchtes Tuch eingeschlagen oder in einem Tupperbehälter bleibt sie im Kühlschrank für mehrere Tage verwendungsfähig. Hefe soll stets in lauwarmer Flüssigkeit und nicht zu heiß angerührt werden.
Hefe bekommt man in Würfeln als frische Preßhefe (42 g) oder in Päckchen als Trockenbackhefe (7 g entsprechen 25 g Frischhefe).
Hefeteig muß an einem warmen Platz in der Küche aufgehen, bis er sein Volumen ungefähr verdoppelt hat. Ein guter Platz hierfür ist die aufgeklappte Backofentür bei Warmhaltetemperatur (Einstellung 50).

Trockenbackhefe 1 Päckchen Trockenhefe (7 g) entspricht 25 g frischer Hefe. Die Treibkraft hält 1 Jahr. Trockenhefe wird genau wie frische Hefe mit etwas Zucker und lauwarmer Milch verrührt und geht als Vorteig an einem warmen Ort auf.

Hirschhornsalz ist Ammoniumkarbonat und wird als Treibmittel bei flachem Gebäck wie Honig- oder Lebkuchen verwendet. Die beim Backen freiwerdende Kohlensäure macht das Gebäck locker. Man rechnet auf 500 g ca. 8 g Hirschhornsalz.

Pottasche (Kaliumkarbonat), ein weißes, geruchloses Salz, wird meist für Lebkuchen als Treibmittel verwendet. Es muß stets zuerst in Flüssigkeit gelöst werden.

Sauerteig wird zum Brotbacken benötigt. Es gibt auch fertigen Sauerteig beim Bäcker oder, fertig abgepackt, in flüssiger oder getrockneter Form im Reformhaus.

Vanille sind die fast ausgewachsenen, aber noch nicht vollreifen, auf verschiedene Weise weiterbehandelten Kapselfrüchte (auch Stangen oder Schoten genannt) einer Kletterorchidee. Das in den Schoten enthaltene Fruchtmark ist der Träger des feinen Aromas. Der Geschmack ist süßlich-würzig. In Pulverform wird Vanille mit Zucker vermischt angeboten.
Vanillinzucker ist ein synthetischer Ersatz für Vanille, vermischt mit Zucker.

Walnüsse die noch frisch sind, müssen von dem weißen Häutchen befreit werden, da dieses Bitterstoffe enthält.

Zimt auch Kaneel genannt, ist die von der Außenrinde befreite, getrocknete Innenrinde des Zimtbaums oder -strauches. Zimt in Stangen ist von lieblich-würzigem, gemahlen von kräftig-aromatischem leicht bitteren Geschmack.

Zitronat auch Sukkade genannt, wird aus der noch grünen Fruchtschale einer Zitronensorte des Mittelmeeres hergestellt. Die dicke Schale wird zunächst in Salzwasser eingelegt und dann mit viel Zucker eingekocht.

Zitrusfrüchte Orangen und Zitronen, deren Schalen zum Backen verwendet werden sollen, dürfen nicht gespritzt sein. Bitte die Kennzeichnungen an Beuteln und Preisschildern beachten.

Zucker wird entweder aus Zuckerrüben oder Zuckerrohr gewonnen. Die Rüben werden zerkleinert, mit heißem Wasser ausgelaugt und eingedickt. Durch verschiedene Trenn- und Reinigungsvorgänge entstehen: brauner Zucker, Weißzucker, Raffinade und Doppelraffinade.
Für das Backen ist der Puderzucker von Bedeutung, der aus Raffinade staubfein gemahlen wird: für Guß, Glasuren und zum Bestäuben.
Rohzucker ist ungereinigt und braun durch Sirupteilchen, die noch an den Zuckerkristallen hängen. Er wird zum Honig- und Lebkuchenteig verwendet.

Hefegebäck

Hefekranz

40 g Hefe oder 2 Päckchen Hefe
¼–½ l Milch
160 g Zucker
1 kg Mehl
200 g Butter/Margarine
1 KL Salz
2–3 Eier
geriebene Schale von 1 Zitrone
100–125 g Sultaninen
1 EL Anis

Den Hefeteig nach Grundrezept zubereiten, abgeriebene Zitronenschale, Sultaninen und Anis darunterkneten. Den aufgegangenen Teig auf dem mehlbestäubten Backbrett in drei gleiche Teile schneiden. Jeden Teil zu einer langen Wurst rollen.

Aus den drei gleich langen Strängen einen Zopf flechten (von der Mitte her) und diesen zum Kranz geschlungen in ein gefettetes, rundes Kuchenblech legen (Anfang und Ende gut verbinden). Evtl. eine gefettete, kleine Schüssel in die Mitte stellen, damit der Kranz die Form behält. Mit Ei bestreichen, mit Zucker und Mandeln bestreuen und nochmals kurz gehen lassen. Im vorgeheizten Backofen 30–45 Minuten goldbraun backen.

E.Herd 200–225 / G.Herd 3–4

Sinngemäß kann der Hefekranz auch aus 2 Packungen Tiefgefrier- oder aus 2 Paketen Backmischung Hefeteig hergestellt werden (Seite 199 Hefezopf).

Gugelhopf (Asch-, Napf-, Rodonkuchen)

25 g Hefe oder 1 Päckchen Hefe
¼ l Milch, 100 g Zucker
500 g Mehl
180 g Butter/Margarine
½ KL Salz, 4–6 Eier
abgeriebene Schale von
½ Zitrone
40 g geschälte geriebene Mandeln
130 g vorbereitete Sultaninen
Zwiebackbrösel, Puderzucker

Den Hefeteig nach Grundrezept zubereiten, etwas mehr Milch verwenden, damit der Teig weicher wird. Abgeriebene Zitronenschale, Mandeln und Sultaninen darunterkneten. Den gut gegangenen Teig in eine gefettete mit Zwiebackbröseln ausgestreute Gugelhopfform geben, in der Wärme nochmals bis zur doppelten Höhe gehen lassen und im vorgeheizten Backofen ¾ bis 1 Stunde backen. Auf ein Gitter stürzen und mit Puderzucker bestäuben.

E.Herd 200–225 / G.Herd 3–4

Gugelhopf (einfache Art)

30–40 g Frischhefe oder
1½ Päckchen Hefe
³/₈ l Milch, 125 g Zucker
750 g Mehl
125 g Butter/Margarine
1 EL Schweineschmalz oder
2 EL saure Sahne
½ KL Salz, 1–2 Eier
abgeriebene Schale von
½ Zitrone

Einen etwas festeren Hefeteig nach Grundrezept herstellen. Weitere Zubereitung wie oben.

E.Herd 200–225 / G.Herd 3–4

Sinngemäß läßt sich der Gugelhopf auch aus Tiefgefrier- oder einer Backmischung Hefeteig herstellen.

Einfaches Kaffeebrot

30–40 g Hefe oder
2 Päckchen Hefe
½ l Milch
30 g Zucker
1 kg Mehl, 15 g Salz
50–60 g Butter

Einen Vorteig zubereiten und nachdem dieser gegangen ist, mit den anderen Zutaten zu einem festem Hefeteig verarbeiten. Nach dem Gehen in drei Teile mit den Händen ausrollen und einen Zopf flechten. Auf ein gefettetes Backblech legen und nochmals gehen lassen. Mit Milch bestreichen und im vorgeheizten Backofen in 30–45 Minuten goldgelb backen. Nach dem Backen nochmal mit Milch bestreichen.

E.Herd 200–225 / G.Herd 3–4

Wiener Gugelhopf

20 g Hefe
¹/₁₀ l Milch oder Sahne
300 g Mehl
150 g Butter/Margarine
4 Eier
2 Eigelb
100 g Zucker
1 Päckchen Vanillinzucker
1 Prise Salz

50 g geschälte, halbierte Mandeln
Puderzucker

Die Hefe in der lauwarmen Milch oder Sahne auflösen, 60 g Mehl zufügen und 1 Stunde aufgehen lassen. Die Butter schaumig rühren, das restliche Mehl und die anderen Zutaten unter Rühren zugeben, zuletzt den Vorteig untermischen und den Teig so lange schlagen, bis er Blasen zeigt. Die gut gefettete Gugelhopfform mit den Mandeln auslegen, den Teig einfüllen und nochmals zum Aufgehen ³/₄–1 Stunde in die Wärme stellen. Im vorgeheizten Backofen in 30–40 Minuten hellbraun backen (evtl. die Oberfläche mit Pergamentpapier abdecken). Zum Abkühlen auf ein Gitter stürzen und mit Puderzucker bestäuben.

E.Herd 200–225 / G.Herd 3–4

Rollkuchen (Rosenkranz)

Hefeteig-Grundrezept
Füllung:
250 g Haselnüsse
125 g Zucker
1 Päckchen Vanillinzucker
50 g Kakaopulver
1 KL Zimt
etwas Wein

1 Ei zum Bestreichen
100 g Sultaninen
100 g Korinthen
Glasur: 125 g Puderzucker
2 EL Zitronensaft
1 EL Wasser

Den nach Grundrezept zubereiteten, aufgegangenen Hefeteig auf dem bemehlten Backbrett zu einem großen Rechteck auswellen. Die Zutaten für die Füllung in einer Schüssel vermischen, mit Wein befeuchten, aber nicht zu naß werden lassen. Den ausgewellten Teig mit etwas verquirltem Ei bestreichen, mit Sultaninen und Korinthen bestreuen und die Fülle gleichmäßig darauf verteilen. Den Teig zu einer dicken Rolle wickeln, in ca. 7 cm breite Stücke schneiden und diese jeweils mit der Schnittfläche nach oben eng aneinander in eine gefettete Springform setzen. Mit dem restlichen Ei bestreichen und noch einmal gut gehen lassen. Im vorgeheizten Backofen 30–45 Minuten hellbraun backen und noch heiß mit der Zuckerglasur bestreichen.

E.Herd 200–225 / G.Herd 3–4

Schwäbischer Streuselkuchen

25 g Hefe oder 1 Päckchen Hefe
¼ l Milch
60 g Zucker
500 g Mehl
80 g Butter/Margarine
1 EL Schweineschmalz
½ KL Salz
2 Eier
etwas geriebene Zitronenschale
Streusel:
90 g Butter
100 g Zucker
110 g Mehl

Zum Bestreichen:
40 g zerlassene Butter

Den Hefeteig nach Grundrezept zubereiten. Für die Streusel Butter flüssig machen. Mehl und Zucker in einer Schüssel vermischen, die flüssige Butter langsam unterrühren, bis sich kleine Klumpen (Streusel) bilden. Die Streusel vorsichtig mit den Händen zu Bröseln zerreiben.
Den gut gegangenen, fingerdick ausgewellten Hefeteig auf ein gefettetes Backblech ausbreiten, nochmals 5 Minuten gehen lassen, die Oberfläche durch Einstechen mit einer Gabel auflockern und mit der zerlassenen Butter bestreichen. Die Streusel gleichmäßig darauf verteilen. Im vorgeheizten Backofen ca. 30 Min. backen.

E.Herd 200–225 / G.Herd 3–4

Der Streuselkuchen kann auch wie Bienenstich S. 31 gefüllt werden. Er wird dann etwas dicker ausgewellt, in einer runden Form gebacken und nach dem Erkalten quer durchgeschnitten und gefüllt. Der Hefeteig gelingt auch mit Tiefgefrier- oder Backmischung Hefeteig (siehe nächstes Rezept).

Zimtkuchen

Hefeteig-Grundrezept
oder 1 Packung Tiefgefrier-Hefeteig
oder 1 Paket Backmischung Hefeteig

40 g Butter/Margarine
oder ⅛ l saure Sahne
50 g Zucker
1 KL Zimt

Den Hefeteig nach Grundrezept oder Anweisung auf der Packung zubereiten und gehen lassen. Fingerdick auf einem gefetteten Backblech ausrollen und nochmals gehen lassen. Mit der zerlassenen Butter/Margarine oder dicker, saurer Sahne bestreichen, mit Zucker und Zimt bestreuen und im vorgeheizten Backofen ca. 30 Minuten backen.

E.Herd 200–225 / G.Herd 3–4

Bienenstich

20 g Hefe oder 1 Päckchen Hefe
ca. ¼ l Milch oder Sahne
50 g Zucker
375 g Mehl, 1 Prise Salz
60–80 g Butter/Margarine
2 Eigelb, abgeriebene Schale von ½ Zitrone

Belag:
100 g Butter, 150 g Zucker
125 g gestiftelte Mandeln oder Mandelplättchen
etwas Bittermandelöl
2 EL Rosenwasser

Füllung:
¼ l Milch, 100 g Zucker
1 Päckchen Vanillinzucker
3 EL Mondamin, 125 g Butter

Einen Hefeteig nach Grundrezept zubereiten. Den aufgegangenen Teig 2 cm hoch auswellen und in einer gefetteten Tortenform nochmals ca. 10 Minuten gehen lassen. Inzwischen für den Belag die Butter erhitzen, Zucker und Mandeln kurz darin rösten, etwas abkühlen lassen, Bittermandelöl und Rosenwasser daruntermischen. Den abgekühlten Belag auf die Teigplatte geben und im vorgeheizten Backofen 30–45 Minuten backen.

E.Herd 200–225 / G.Herd 3–4

Für die Füllung Milch, Zucker, Vanillinzucker und das kalt angerührte Mondamin zu einer dicken Creme kochen. Mit dem Schneebesen bis zum Erkalten schlagen und die schaumig gerührte Butter daruntermischen. Den Kuchen nach dem Erkalten quer durchschneiden und mit der Creme füllen.

Der Hefeteig läßt sich sinngemäß auch aus Tiefgefrier- oder einer Backmischung Hefeteig herstellen.

Schneckennudeln

Hefeteig-Grundrezept
oder 1 Packung Tiefgefrier-Hefeteig
oder 1 Paket Backmischung Hefeteig
50–75 g Butter/Margarine
2 EL Zucker
1 KL Zimt
100 g Sultaninen
1 Ei
Glasur:
125 g Puderzucker
2 EL Zitronensaft
1 EL Wasser

Den Hefeteig nach Grundrezept oder nach Anweisung auf der Packung zubereiten. Nach dem Aufgehen nochmals gut durcharbeiten und auf ca. 25 × 40 cm ausrollen. Die Teigplatte mit zerlassener Butter oder Margarine bestreichen, Zucker, Zimt und Sultaninen darüberstreuen. Den Teig der Länge nach locker aufrollen und in ca. 2 cm breite Scheiben schneiden. Mit der Schnittfläche nach oben auf einem gefetteten Blech nochmals gehen lassen. Mit verquirltem Ei bestreichen und im vorgeheizten Backofen ca. 25 Minuten backen und noch warm glasieren.

E.Herd 200–225 / G.Herd 3–4

Zur Glasur den Puderzucker, Zitronensaft und das Wasser mit dem Schneebesen oder elektrischem Handrührgerät glatt rühren.

Hefegebäck

Hefebrezeln / Hefehörnchen

Hefeteig-Grundrezept

**abgeriebene Schale von
½ Zitrone
Hagelzucker oder Kümmel
1 Ei oder Dosenmilch**

Den Hefeteig nach Grundrezept zubereiten. Nach dem Aufgehen nochmals auf dem bemehlten Backbrett durchkneten und dabei die geriebene Zitronenschale einarbeiten. Den Teig zu einer langen Rolle formen, gleichmäßige Stücke abschneiden und zu ca. 25 cm langen Strängen rollen. In Hagelzucker oder Kümmel (dann den Hefeteig ohne Zucker und Zitronenschale herstellen) wenden und Brezeln daraus schlingen oder Hörnchen, Kränzchen oder Schnecken daraus formen. Auf dem gefetteten Backblech nochmals gehen lassen, verquirltes Ei oder Dosenmilch darüberstreichen und ca. 25 Minuten hell backen.

E.Herd 200–225 / G.Herd 3–4

Dieses Rezept eignet sich auch für die einfachere Zubereitung von Flachswickeln oder Flachszöpfen.

Flachswickel / Flachszöpfe

**250 g Butter/Margarine
2 Eier, ½ KL Salz
500 g Mehl
25 g Hefe
oder 1 Päckchen Hefe
4 EL Milch
250 g Hagelzucker
1–2 Eigelb**

Die Butter schaumig rühren, Eier, Salz, Mehl und zuletzt die in lauwarmer Milch aufgelöste Hefe untermischen. Einen glatten Teig kneten und in der Wärme gehen lassen. Aus dem aufgegangenen Teig eine Rolle formen, gleichmäßige Stücke abschneiden und auf Hagelzucker zu 15–20 cm langen Strängen formen. Im Hagelzucker drehen und spiralenförmig zu Flachswickeln schlingen oder aus drei Strängen jeweils einen Zopf flechten. Auf dem gefetteten Backblech nochmals gehen lassen, mit Eigelb bestreichen und ca. 25 Minuten hell backen.

E.Herd 200–225 / G.Herd 3–4

Einfachere Zubereitung wie Hefebrezeln (siehe oben).

Dampfnudeln (20 Stück)

20 g Hefe oder 1 Päckchen Hefe
ca. ¼ l Milch
60 g Zucker (kann auch weniger sein)
500 g Mehl, 6 g Salz
80–100 g Butter
2 Eier, abgeriebene Schale von ½ Zitrone

Mit diesen Zutaten einen nicht zu festen Hefeteig mit Vorteig zubereiten, siehe Falttafel am Schluß des Buches.
Dampfnudeln können auf verschiedene Arten zubereitet werden:

Gebackene Dampfnudeln

Vom gut gegangenen, fingerdick ausgewellten Teig mit Hilfe eines Glases oder Löffels kleine Küchlein abstechen, gehen lassen und auf ein gefettetes Blech setzen (dabei einen kleinen Abstand lassen). Mit Eigelb bestreichen, in die vorgeheizte Backröhre schieben und nach der halben Backzeit mit Zucker bestreuen. In ca. 30 Minuten goldgelb backen.

E.Herd 200–225 / G.Herd 3–4

Aufgezogene Dampfnudeln

In einer gut schließenden, möglichst eisernen Kasserolle einen Kaffeelöffel Butter mit ⅛ l Wasser oder Milch und einer Prise Salz zum Kochen bringen, die ausgestochenen Küchlein rasch hineinsetzen und gut bedeckt in ca. 20–30 Minuten (bei gleichbleibender Hitzezufuhr) aufziehen. Sobald die Dampfnudeln anfangen zu krachen, herausnehmen und sofort servieren. Man kann die Dampfnudeln auch im Backofen in einer offenen Kasserolle aufziehen: die Form gut ausbuttern, die Küchlein hineingeben und mit Milch bedecken. Etwas Zucker darüberstreuen und zu schöner Farbe backen. Die im Backofen offen aufgezogenen Dampfnudeln sind oben und unten braun gebacken, während die in der geschlossenen Kasserolle unten knusprig und oben hell sind.

Hefegebäck

Gerollte Dampfnudeln

Der Teig wird zu einem langen Streifen ausgerollt, mit zerlassener Butter bestrichen, mit Hagelzucker bestreut und aufgerollt. Davon werden kleine Stückchen abgeschnitten, die aufrecht auf ein gut gebuttertes Blech gestellt im vorgeheizten Backofen goldbraun gebacken werden. Nach dem Backen mit Zuckerglasur bestreichen, etwas abkühlen lassen und in Portionen auseinanderbrechen.

Memminger Brot

**40–50 g Frischhefe oder
2 Päckchen Trockenbackhefe
etwa ½ l Milch
125 g Zucker
1 kg Mehl, 8–10 g Salz
65 g Butter
abgeriebene Schale von
1 Zitrone
1 EL Anis
60 g Zitronat, fein gewürfelt
60 g Pomeranzenschale, sehr
fein gewürfelt
2 EL Rosenwasser.**

Nach dem Grundrezept einen festen Hefeteig kneten, und zwar solange bis der Anis herausfällt. Den Teig ca. 1 cm dick auswellen und mit einem Wasserglas Küchlein ausstechen. Diese in der Mitte übereinanderklappen und ganz dicht nebeneinander in eine gebutterte Form setzen. Die Küchlein gut aufgehen lassen und in der Mitte, der Länge nach, einen Einschnitt machen. Im vorgeheizten Backofen ca. 30–40 Minuten backen. Nach dem Backen, noch warm, mit kaltem Wasser bestreichen. Memminger Brot so dünn wie möglich aufschneiden und eventuell mit etwas Butter bestreichen.

E. Herd 200–225 / G. Herd 3–4

Ulmer Brot

**40 g Frischhefe oder
2 Päckchen Trockenbackhefe
etwa ½ l Milch
180 g Zucker
1 kg Mehl, 1 Prise Salz
40 g Butter, abgeriebene
Schale von 1 Zitrone
2 Eier**

Die Zubereitung des Ulmer Brotes erfolgt nach dem Rezept für das Memminger Brot. Man kann – wenn man kein Glas zur Hand hat, auch Kugeln aus dem Teig formen und diese zu ovalen Scheiben auswellen, die wiederum übereinander gelegt werden. Dann weiterverfahren wie oben.

Brioche-feines französisches Kuchenbrot

**250 g Mehl
20 g Frischhefe
knapp 3 EL Wasser
1 KL Zucker
2 Eier
150 g Butter/Margarine
1 KL Salz
1 Eigelb zum Bestreichen**

Das Mehl in eine Schüssel sieben und in die Mitte eine Mulde drücken. Die Hefe mit dem lauwarmen Wasser und dem Zucker verrühren und in die Mulde schütten. Den Vorteig leicht mit Mehl bestäuben und gehen lassen. Die Eier verquirlen und mit der verflüssigten Butter und dem Salz unter den Teig arbeiten. Den Teig ruhen lassen, dann in eine gut gefettete Kastenform füllen, mit Eigelb bestreichen und im vorgeheizten Backofen ca. 30 Minuten goldgelb backen.

E.Herd 200 / G.Herd 3

Oder den Teig nicht mehr gehen lassen und sofort in die gefettete Form füllen, mit Eigelb bestreichen und in den auf 50 Grad vorgewärmten Backofen schieben. Ca. 30 Minuten bei dieser Hitze randhoch aufgehen lassen, dann die Temperatur etwa im 5 Minuten-Rhythmus jeweils um ca. 20 Grad hochschalten, bis auf 200 Grad. Evtl. den Stäbchentest machen.
Die Brioche läßt sich sehr gut auf Vorrat backen und einfrieren. Nach dem Auftauen die Brioche in Scheiben schneiden und leicht toasten.

Gerstenstollen

**20 g Frischhefe oder 1 Päckchen Trockenbackhefe
ca. ¼ l Milch
35 g Zucker
500 g Gerstenmehl, 1 KL Salz
25 g Korinthen,
abgeriebene Schale von
½ Zitrone.**

Das Gerstenmehl auf ein Backbrett sieben, in der Mitte eine Vertiefung machen und aus Hefe und Milch einen Vorteig hineingeben. Nachdem dieser gegangen ist, alle Zutaten unterarbeiten und den Teig kräftig schlagen, bis er Blasen zeigt. Mit einem Tuch abgedeckt gehen lassen. In einer gefetteten Backform nochmals gehen lassen, mit zerlassener Butter bestreichen und im vorgeheizten Backofen ca. 45–60 Minuten backen.

E. Herd 200–225 / G.Herd 3–4

Hefeblätterteig

35 g Hefe
⅛–¼ l Milch
70 g Zucker
500 g Mehl
70 g Butter/Margarine
½ KL Salz
1–2 Eier

zum Einwellen:
100–180 g Butter/Margarine
etwas Mehl

Einen Hefeteig nach Grundrezept zubereiten. Nach dem Aufgehen auf einem bemehlten Backbrett rundum einschlagen und kurze Zeit an einem **kühlen** Ort ruhen lassen. Dann den Teig auswellen, die Butter zum Einwellen mit etwas Mehl verkneten, breitdrücken, auf die Teigplatte geben und wie Blätterteig (Seite 103) drei- oder viermal auswellen. Zwischendurch den Teig immer wieder für eine kurze Pause klein zusammenlegen. Dann den Hefeblätterteig in der Wärme nochmals gehen lassen.

Nußhörnchen

25 g Hefe oder 1 Päckchen
Trockenbackhefe
ca. ¼ l Milch
50 g Zucker
500 g Mehl
70 g Butter/Margarine
1 Prise Salz
1 Ei
abgeriebene Schale von
½ Zitrone

Zum Einwellen:
100 g Butter/Margarine

Füllung:
125 g geröstete, geriebene
Haselnüsse
70 g Zwiebackbrösel
¼ gewiegte Vanillestange
oder ½ Päckchen Vanillinzucker
ca. ½ Tasse Milch
1–2 Eigelb zum Bestreichen
Puderzucker zum Bestäuben

Einen Hefeblätterteig nach Rezept (Seite 30) zubereiten. Den aufgegangenen Teig ca. ½ cm dick auswellen und davon 12–15 cm große Quadrate ausrädeln. Jedes Viereck diagonal in zwei Dreiecke teilen.
Die Zutaten zur Füllung gut mischen, sie soll nicht zu dünnflüssig werden. Auf jedes Dreieck einen Kaffeelöffel Füllung setzen, von der breiten Seite aufrollen und Hörnchen formen. Auf ein gefettetes Backblech legen und nochmals in der Wärme gehen lassen. Mit Eigelb bestreichen und im vorgeheizten Backofen ca. 25 Minuten hell backen und mit Puderzucker bestäuben.

E.Herd 200–225 / G.Herd 3–4

Russische Brezeln

30–40 g Hefe oder
1½ Päckchen Trockenbackhefe
⅛–¼ l Milch
60 g Zucker
500 g Mehl
100 g Butter/Margarine
1 Prise Salz
1–2 Eier
abgeriebene Schale von
½ Zitrone

Glasur:
125 g Puderzucker
2–3 EL Wasser
oder Puderzucker zum
Bestäuben

Einen Hefeblätterteig nach Rezept (Seite 36) herstellen, 50 g Butter für den Hefeteig und 50 g Butter zum Einwellen verwenden. Den Teig nach dem letzten Ausrollen zu einer 50 × 60 cm großen und etwa ½ cm dicken Platte auswellen. Die Teigplatte der Länge nach halbieren und in 1–2 cm breite Streifen schneiden. Je 2 Streifen ineinanderschlingen und Brezeln formen. Auf dem gefetteten Backblech noch kurze Zeit gehen lassen und ca. 30 Minuten hell backen. Noch warm glasieren oder mit Puderzucker bestäuben.

E.Herd 200–225 / G.Herd 3–4

Hefe-Wespennester

10–15 g Frischhefe oder
½ Päckchen Trockenbackhefe
⅛ l Milch
30 g Zucker
250 g Mehl
40 g Butter/Margarine
1 Prise Salz
1 Ei oder 2 Eigelb
abgeriebene Schale von
½ Zitrone

Füllung:
50 g geschälte, geriebene
Mandeln
40 g gewiegtes Zitronat
40 g Rosinen
20 g Zucker und etwas Zimt

50–60 g Butter / 2 Eigelb

Den Hefeteig nach Grundrezept zubereiten. Nach dem Gehen auf dem Backbrett einen 25 cm breiten Streifen auswellen, mit zerlassener Butter bestreichen und die Füllung darauf verteilen (Zutaten vorher gut vermischen). Den Teigstreifen der Länge nach aufrollen, davon etwa 5 cm lange Stücke abschneiden, an einer Schnittseite in zerlassene Butter tauchen und mit dieser Seite nach unten in ein gefettetes Backblech setzen. Die Wespennester nochmals ca. ½ Stunde gehen lassen, mit Eigelb bestreichen und im vorgeheizten Backofen ca. 30 Minuten knusprig backen.

E.Herd 200–225 / G.Herd 3–4

Der Hefeteig für die Wespennester kann auch aus einer Backmischung oder Tiefgefrier-Hefeteig nach Anleitung auf dem Paket zubereitet werden.

Oben: Saftiger Apfelkuchen, Seite 202,
◄ unten: Marabella-Fruchttorte, Seite 205

Wiener Schneckchen

Den Hefeteig und die Füllung wie für Wespennester zubereiten. Von der Teigrolle etwa 2–3 cm große Stücke abschneiden, auf einem gefetteten Backblech nochmals gehen lassen, die Schneckchen mit Eigelb bestreichen und ca. 25 Minuten hell backen. Noch warm mit Zitronen- oder Vanilleglasur Seite 180 überziehen.

E.Herd 200–225 / G.Herd 3–4

Zwieback

25 g Hefe oder 1 Päckchen Trockenbackhefe
$^3/_8$ l Milch
90 g Zucker
750 g Mehl
60 g Butter/Margarine
½ KL Salz
abgeriebene Schale von ½ Zitrone
½ EL Anis

Zucker und Zimt oder Vanillinzucker

evtl. Eiweißglasur Seite 181 oder Mandelguß:
2 Eiweiß
200 g Puderzucker
1 Päckchen Vanillinzucker
125 g geschälte, geriebene Mandeln oder Haselnüsse

Den Hefeteig nach Grundrezept zubereiten. Den aufgegangenen Teig auf dem mit Mehl bestäubten Backbrett zu einer Rolle formen, gleichmäßige Stücke (etwa 2 cm dick) davon abschneiden, zu runden Küchlein formen und nebeneinander in eine gefettete Kapselform setzen. Diese noch einmal ca. 1½ Stunden aufgehen lassen und im vorgeheizten Backofen ca. 30 Minuten backen.

E.Herd 200–225 / G.Herd 3–4

Am anderen Tag oder gleich nach dem Erkalten in Scheiben schneiden, in Zucker und Zimt oder in Vanillinzucker wenden und unter dem Grill oder im Backofen auf beiden Seiten rösten.
Oder die ganze Teigmasse in eine gefettete Zwiebackform füllen, backen und nach dem Erkalten die aufgeschnittenen Scheiben rösten. Die aufgeschnittenen Scheiben auf einer Seite evtl. mit Eiweißglasur (Seite 181), vermischt mit Vanillinzucker, bestreichen, dann erst rösten.
Oder die Zwiebackscheiben mit einem Mandelguß bestreichen und dann rösten.
Für den Mandelguß die Eiweiß mit Puderzucker und Vanillinzucker verrühren, zuletzt die geschälten, geriebenen Mandeln oder Haselnüsse darunterrühren.

Süße Maultaschen

Butterteig:
100 g Butter/Margarine
150 g Mehl
Hefeteig:
15 g Hefe oder ½ Päckchen Hefe
2 EL Milch
150 g Mehl
30 g Butter/Margarine
1 Prise Salz
2 Eigelb oder 1 ganzes Ei
abgeriebene Schale von
½ Zitrone
1 Ei zum Bestreichen
Marmelade
Glasur:
125 g Puderzucker
2–3 EL Wasser

Butterteig: Die Butter mit dem Mehl auf dem Backbrett zu einem glatten, geschmeidigen Teig kneten und kalt stellen. Den Hefeteig nach Grundrezept zubereiten und zu einem großen Rechteck auswellen. Den breitgedrückten Butterteig in die Mitte legen, den Teigrand rundum einschlagen, mit dem Wellholz klopfen und wie Blätterteig (S. 103) dreimal nach kurzen Pausen auswellen. Zuletzt den ganzen Teig messerrückendick ausrollen, gleichmäßige, ca. 10 cm große Quadrate ausrädeln und jeweils 1 Tupfen Marmelade daraufsetzen. Die Ecken zur Mitte hin einschlagen und mit Eigelb bestreichen. Eine kleine Teigrosette obenauf gelegt hält die Vierecke noch besser zusammen. Oder die Quadrate etwas kleiner ausrädeln und 2 schmale Teigstreifen überkreuz auf die Füllung legen.
Die Maultaschen mit geschlagenem Ei oder Eigelb bestreichen, auf einem gefetteten Backblech noch einmal kurze Zeit gehen lassen, im vorgeheizten Backofen ca. 20 Minuten backen und noch warm glasieren.

E.Herd 200–225 / G.Herd 3–4

Topfentascherln

Füllung:
50 g Butter/Margarine
1 Ei, 50 g Zucker
125 g Quark (Topfen)
1 EL saure Sahne
etwas abgeriebene Zitronenschale
20 g Rosinen

1–2 Eigelb

Glasur:
125 g Puderzucker
2–3 EL Wasser
oder Puderzucker

Butter- und Hefeteig wie für süße Maultaschen (siehe oben).

Den Butter- und Hefeteig wie für süße Maultaschen zubereiten, zusammen auswellen und Quadrate daraus schneiden. Zur Füllung die Butter mit Eigelb und Zucker schaumig rühren. Den durchpassierten Quark, Sahne, Zitronenschale und den steifen Eischnee und zuletzt die vorbereiteten Rosinen leicht untermischen. Auf jedes Quadrat ein wenig von der Füllung setzen, die Ränder mit Eigelb bepinseln und das Tascherl zu einem Dreieck überklappen (Ränder dabei fest andrücken). Im vorgeheizten Backofen ca. 25 Minuten hell backen, noch heiß mit der Glasur überziehen oder mit Puderzucker bestäuben.

E.Herd 200–225 / G.Herd 3–4

Apfelkrapfen

Hefeteig-Grundrezept

Füllung:
1 kg Äpfel
200 g Zucker
1 Stück ganzer Zimt
100 g Sultaninen
1–2 Eier
Hagelzucker
50 g Mandelstifte

Den Hefeteig nach Grundrezept zubereiten. Während er aufgeht, die Äpfel schälen und in Schnitze schneiden. Mit wenig kaltem Wasser, Zucker, Zimt und Sultaninen bei geringer Wärmezufuhr zugedeckt nicht zu weich garen (Schnitze dürfen nicht zerfallen).
Den gut gegangenen Hefeteig auf einem mehlbestäubten Backbrett ausrollen und mit einem Glas runde Stücke ausstechen. Diese nochmals auswellen und mit beiden Händen rundum ausziehen. Einen Eßlöffel von der noch warmen Füllung in die Mitte geben, Ränder mit Eiweiß bestreichen, zu Krapfen übereinander klappen, Rand fest andrücken und die Krapfen auf ein gut gefettetes Backblech setzen. Die Ränder auszacken (Fingerspitzen und Löffelstiel zu Hilfe nehmen), die Krapfen mit Eigelb bestreichen, mit Hagelzucker und Mandelstiften bestreuen und nochmals gehen lassen. Im vorgeheizten Backofen 25–30 Minuten hell backen. Schmecken frisch am besten!

E.Herd 200–225 / G.Herd 3–4

Savarin (Punschring)

25 g Frischhefe oder 1 Päckchen Trockenbackhefe
¼ l Milch
80 g Zucker
500 g Mehl
125 g Butter/Margarine
½ KL Salz
4 Eier
abgeriebene Schale von
½ Zitrone
4 EL Zucker
³/₈ l Wasser
4 EL Rum
Aprikosenmarmelade
kandierte Früchte
Mandeln zun Verzieren

Einen Hefeteig nach Grundrezept herstellen, in eine gefettete, große Ringform (Gugelhopfform) einlegen, warm stellen und gehen lassen, bis er sich etwa verdoppelt hat. Im vorgeheizten Backofen ca. 45 Minuten backen.

E.Herd 200–225 / G.Herd 3–4

Den Zucker im Wasser zum dünnen Faden kochen und mit dem Rum vermischen. Den Savarin heiß aus der Form stürzen und diese halbhoch mit der Zuckerlösung füllen. Den Savarin so lange wieder in die Form setzen, bis der ganze Läuterzucker aufgesogen ist. Nach dem Stürzen mit Aprikosenmarmelade bestreichen und evtl. mit Zuckerglasur überziehen. Mit kandierten Fruchtstückchen und Mandelhälften verzieren.

Berliner Pfannkuchen (Fastnachtskrapfen)

25 g Hefe oder 1 Päckchen Hefe
¼ l Milch
60 g Zucker
500 g Mehl
60 g Butter/Margarine
2 Eigelb
½ KL Salz

2 Eiweiß
Marmelade oder Pflaumenmus
Palmin oder Mazola Keimöl
Zucker

Den Hefeteig nach Grundrezept zubereiten, gehen lassen und auf einem bemehlten Backbrett ausrollen.
Die halbe Teigplatte mit Eiweiß bestreichen, mit einem Kaffeelöffel Marmeladehäufchen darauf verteilen, die andere Teighälfte darüberklappen und mit einem Glas runde Krapfen ausstechen. Die Ränder fest andrücken und nochmals gehen lassen. Die Pfannkuchen in heißem Fett schwimmend in 12–15 Minuten ausbacken (Temperatur 150° C), auf einem Sieb abtropfen lassen und noch warm in Zucker wenden.
Der Hefeteig kann auch aus Tiefgefrier- oder Backmischung Hefeteig zubereitet werden.

Fasnetsküchle (Fastnachtsküchlein)

Hefeteig wie für
Berliner Pfannkuchen
Kokosfett oder Öl
Zucker und Zimt

Den nach Grundrezept zubereiteten Hefeteig auf einem bemehlten Backbrett fingerdick auswellen und kleine Rauten ausstechen oder ausrädeln. Nochmals ca. 20 Minuten gehen lassen und durch Einstechen mit einer Gabel auflockern. In heißem Fett schwimmend in 12–15 Minuten ausbacken (Temperatur 150° C), auf einem Sieb abtropfen lassen und noch warm in Zucker und Zimt wenden.

Nußring

25 g Frischhefe oder
1 Päckchen Trockenbackhefe
⅛ l Milch
60 g Zucker
375 g Mehl, 1 Prise Salz
80–100 g Butter
1 Ei, abgeriebene Schale von
½ Zitrone

Einen Hefeteig mit 40 g Butter zubereiten. Diesen für kurze Zeit **kühl** stellen. Die restliche Butter mit etwas Mehlhilfe verkneten und auf dem ausgewellten Teig breitdrücken. Den Teig drei- bis viermal wie für Blätterteig auswellen (Seite 103). Den Hefeblätterteig in der **Wärme** gehen lassen und die Füllung zubereiten: ganze Haselnüsse auf dem trockenen Blech im Backofen solange rösten, bis sich die Häutchen beim Aneinanderreiben mit den Händen entfer-

Füllung:
120 g ganze Haselnüsse
oder geriebene Haselnüsse
50 g Zucker
4 EL saure Sahne
½ KL Vanillezucker

nen lassen. Dann fein reiben. Mit den anderen Zutaten verrühren, auf der Teigplatte verteilen und den Nußring aufrollen. In eine gefettete Ringform legen, aufgehen lassen und im vorgeheizten Backofen ca. 30 bis 40 Minuten backen. Noch warm mit Vanilleglasur (Seite 180) überziehen.

E.Herd 200–225 / G.Herd 3–4

Strudelring

35 g Hefe
⅛–¼ l Milch
70 g Zucker, 500 g Mehl
70 g Butter/Margarine
1 Ei und 1 Eigelb
1 Prise Salz
abgeriebene Schale von
½ Zitrone

zum Einwellen:
100 g Butter/Margarine

Füllung:
100 g geschälte Mandeln
100 g Zucker
120 g Semmel- oder Zwiebackbrösel
etwas Vanillinzucker und
Wasser oder Milch

Glasur:
125 g Puderzucker
2–3 EL Wasser

Den Hefeblätterteig nach dem Rezept (Seite 36) zubereiten. Zur Füllung die geriebenen Mandeln mit den übrigen Zutaten gut verrühren.
Den aufgegangenen Teig 60 × 50 cm auswellen und halbieren. Die beiden Teighälften mit der nicht zu feuchten Füllung bestreichen. An den Rändern mit leicht geschlagenem Eiweiß bestreichen, die beiden Teile von der breiten Seite her aufrollen und die beiden Rollen ineinanderschlingen.
In eine gefettete Ring- oder Springform legen (ca. 32 cm Durchmesser) und noch einmal in der Wärme aufgehen lassen. Den Strudelring im vorgeheizten Backofen 30–45 Minuten backen, noch warm glasieren.

E.Herd 200–225 / G.Herd 3–4

Striezel

25 g Hefe oder 1 Päckchen Hefe
⅛ l Milch
50 g Zucker, 375 g Mehl
50 g Butter/Margarine
½ KL Salz, 1 Ei
abgeriebene Schale von
½ Zitrone
Zum Einwellen:
100 g Butter/Margarine
Zum Bestreichen:
20 g Butter/Margarine

Füllung:
60 g gemahlene Mandeln
etwas Bittermandelöl
40 g Zucker, etwas Zimt
abgeriebene Schale von
½ Zitrone
40 g kleingeschnittenes Zitronat
60 g Korinthen

Glasur:
60 g Puderzucker
½ Päckchen Vanillinzucker
1–2 EL Wasser

Den Hefeblätterteig nach Rezept (Seite 36) zubereiten. Den aufgegangenen Teig ca. 30 × 40 cm auswellen und mit zerlassener Butter oder Margarine bestreichen.
Die Zutaten für die Füllung gut mischen und auf der Teigplatte verteilen. Von der breiten Seite her aufrollen und auf ein gefettetes Backblech legen.
Den Stollen der Länge nach dreimal einschneiden, damit der Teig beim Backen in die Breite gehen kann. Den Striezel im vorgeheizten Backofen 30–40 Minuten backen, noch warm glasieren oder mit Puderzucker bestäuben.

E.Herd 200–225 / G.Herd 3–4

Mohnstollen

40 g Hefe oder 2 Päckchen Hefe
¼–½ l Milch
200 g Zucker
1 kg Mehl
200 g Butter/Margarine
2 Eier
1 KL Salz

Einen nicht zu festen Hefeteig nach Grundrezept zubereiten und gehen lassen. Inzwischen für die Füllung den Zucker in der kochenden Milch auflösen und den gemahlenen Mohn damit überbrühen. Die zerlassene Butter heiß unter den Mohn mischen, Zimt, kleingeschnittenes Zitronat, die vorbereiteten Sultaninen, gehackten Mandeln, etwas Bittermandelöl und die Eier zufügen und zu einer geschmeidigen Masse vermischen.

Hefegebäck | 45

Füllung:
500 g gemahlener Mohn
250 g Zucker
¼ l Milch
125 g Butter
etwas Zimt
je 125 g Zitronat und Sultaninen
125 g gehackte Mandeln
etwas Bittermandelöl
2 Eier
Glasur:
250 g Puderzucker
3 EL Arrak oder Rum
2 EL Zitronensaft oder Wasser

Den gut gegangenen Hefeteig ca. ½ cm dick zu einem Rechteck auswellen und mit etwas Milch bestreichen. Die Mohnfüllung gleichmäßig darauf verteilen, von der breiten Seite her aufrollen. Zu einem Hufeisen geformt auf ein gefettetes Backblech legen und nochmals gehen lassen. Die Teigenden nach unten schlagen, damit die Füllung nicht herausquellen kann. Im vorgeheizten Backofen ca. 1 Stunde backen und noch warm glasieren.

E.Herd 200–225 / G.Herd 3–4

Sinngemäß kann der Hefeteig auch aus 2 Packungen Tiefgefrier- oder 2 Paketen Backmischung Hefeteig hergestellt werden.

Sächsischer Christstollen

40 g Hefe oder 2 Päckchen Hefe
¼–½ l Milch
200 g Zucker
1 kg Mehl
200 g Butter/Margarine
100 g Schweineschmalz
(oder Rindertalg)
2–3 Eier oder Eigelb
1 KL Salz
**abgeriebene Schale von
1 Zitrone**
1 KL Rum oder Arrak
250 g Sultaninen
250 g Korinthen
125 g Mandelstiftchen
je 50 g feingeschnittenes
Zitronat oder Orangeat
je 1 Prise Zimt und Muskat
einige Tropfen Bittermandelöl

zum Bestreichen:
50–100 g Butter
Puderzucker

Aus den angegebenen Zutaten nach Grundrezept einen festen Hefeteig zubereiten, der 2–3 Stunden oder über Nacht gehen muß, bis er sich etwa verdoppelt hat. Auf dem bemehlten Backbrett einen breiten Stollen (Laib) formen, mit dem Wellholz in der Mitte eine tiefe Rille eindrücken, die eine Hälfte der Länge nach über die andere schlagen, jedoch so, daß die untere Hälfte noch etwa ein Drittel vorsteht.
Die Sultaninen oder Korinthen, die vereinzelt an die Oberfläche kommen, unter die Teigdecke drücken, damit sie beim Backen nicht schwarz werden. Auf dem gefetteten Backblech nochmals ca. 30 Minuten gehen lassen, mit Milch oder Butter bestreichen und im vorgeheizten Backofen ca. 60 Minuten backen. Gegen Ende der Backzeit öfters mit zerlassener Butter bestreichen. Den noch warmen Stollen dick mit Puderzucker bestäuben. Durch wiederholtes Bestreichen mit Butter und Bestreuen mit Zucker erhält der sächsische Christstollen die chrakteristische Zuckerkruste.

Vorheizen: E.Herd 250 / G.Herd 8
Backen: E.Herd 175–200 / G.Herd 2–3

Rührkuchen

Königskuchen

250 g Butter/Margarine
250 g Zucker, 6 Eier
Saft und abgeriebene Schale von ½ Zitrone
1 Prise Salz, 1 EL Rum
190 g Mehl
60 g Mondamin
50 g geschälte geriebene Mandeln
120 g Sultaninen
Puderzucker

Einen feinen Rührteig nach Grundrezept herstellen, Mandeln und mit Mehl bestäubte Sultaninen untermischen und den Teig in eine gut gefettete Kastenform (30 cm lang) einfüllen und glattstreichen. Im vorgeheizten Backofen 60–70 Minuten backen.
Etwas in der Form abkühlen lassen und zum Auskühlen vorsichtig auf ein Kuchengitter stürzen. Mit Puderzucker bestäuben.

E.Herd 175–200 / G.Herd 2–3

Prinzenkuchen

200 g Butter/Margarine
1 Päckchen Vanillinzucker
150 g Zucker, 3 Eier
150 g Mondamin
250 g Mehl
2 KL Backpulver
3 EL Dosenmilch
50 g abgezogene, grob gehackte Mandeln
150 g Schokoladenplätzchen
100 g kandierte, geviertelte Kirschen

Glasur:
350 g Puderzucker
ca. 4 EL Wasser, 1 EL Kakao

Von den angegebenen Zutaten einen Rührteig nach Grundrezept herstellen. Den Teig in eine gefettete Kastenform (30 cm Länge) füllen und im vorgeheizten Backofen 60–75 Minuten backen.
Den Puderzucker mit dem Wasser verrühren, 1 Eßlöffel davon abnehmen und mit Kakao und ½ Eßlöffel Wasser vermischen. Den Kuchen mit weißem Guß überziehen und den dunklen Guß mit einem Löffel darauftropfen lassen.

E.Herd 175–200 / G.Herd 2–3

Teekuchen

250 g Butter/Margarine
200 g Zucker
1 Prise Salz
4 Eier, 2 EL Rum
150 g Mondamin
200 g Mehl
½ KL Backpulver

Von den angegebenen Zutaten einen Rührteig nach Grundrezept herstellen. Den Teig in eine gefettete Kastenform (30 cm Länge) füllen und im vorgeheizten Backofen 60–70 Minuten backen.

E.Herd 175–200 / G.Herd 2–3

Mohren-Kuchen

200 g Butter/Margarine
250 g Zucker, 4 Eier
125 g Mondamin
125 g Mehl
2 KL Backpulver
3 EL Kakao, 3 EL Rum

200 g Schokoladenfettglasur
Mandelblättchen

Nach dem Grundrezept einen Rührteig zubereiten. Den Teig in eine mit gefettetem Pergamentpapier ausgelegte Kastenform (30 cm Länge) füllen und im vorgeheizten Backofen 60–75 Minuten backen.
Den Kuchen auskühlen lassen, aus der Form nehmen und das Papier ablösen. Die Schokoladenglasur auflösen und über den Kuchen ziehen, mit Mandelblättchen bestreuen.

E.Herd 175–200 / G.Herd 2–3

Sacher-Gugelhopf

150 g Butter/Margarine
150 g Zucker
2 Eier, 2–3 Eigelb
250 g Mehl
6 EL Milch, 3 EL Rum
½ Päckchen Backpulver
Zum Ausfetten:
20 g (1 EL) Butter/Margarine
Zum Ausstreuen:
50 g Mandelstifte

Nach Grundrezept einen feinen Rührteig herstellen. Eine Gugelhopfform mit Butter ausstreichen, die Mandeln dicht in die Rillen einlegen und die Teigmasse einfüllen, im vorgeheizten Backofen 45–60 Minuten backen.

E.Herd 175–200 / G.Herd 2–3

Natronkuchen mit Kaffee

180 g zerlassene Butter
300 g Zucker, 1 Tasse Mokka
4 Eier, 1 KL Zimt
1 Msp. gemahlene Nelken
125 g Sultaninen
500 g Mehl
20 g Backpulver oder
Backnatron

Nach dem Grundrezept einen Rührteig zubereiten, den Kaffee dabei löffelweise zugeben. Den Teig in eine gut gefettete Form füllen und im vorgeheizten Backofen ca. 60 Minuten backen.

E.Herd 175–200 / G.Herd 2–3

Marmorkuchen

250 g Butter/Margarine
300 g Zucker
6 Eier
¼ l Milch
1 Päckchen Vanillinzucker
250 g Mondamin
250 g Mehl
1 Päckchen Backpulver
3 EL Kakao

Schokoladenglasur (Seite 182)
oder Puderzucker

Einen Rührteig nach Grundrezept ohne Kakao zubereiten. Die Masse in zwei Hälften teilen, die eine mit Kakao mischen, abwechselnd hellen und dunklen Teig in eine gefettete, große Gugelhopfform (Napfkuchenform) füllen. Den Teig mit einer Gabel leicht ineinander streichen und 60 bis 75 Minuten backen.
Ein wenig abkühlen lassen und den Kuchen mit einer Schokoladenglasur überziehen oder mit Puderzucker bestäuben.
In der Form noch ein paar Minuten abkühlen lassen und dann vorsichtig zum Auskühlen auf ein Kuchengitter stürzen.

E.Herd 175–200 / G.Herd 2–3

Rosinenkuchen

200 g Butter/Margarine
200 g Zucker
6 Eier, 1 Prise Salz
abgeriebene Schale von
1 Zitrone, 350 g Mehl
1 KL Backpulver
200 g Rosinen
200 g Sultaninen
50 g gewiegtes Orangeat

Einen feinen Rührteig nach Grundrezept herstellen, zuletzt die gewaschenen, mit Mehl bestäubten Rosinen, Sultaninen und das Orangeat zugeben. Eine große Kapselform mit Pergamentpapier auslegen, gut einfetten, die Teigmasse einfüllen und ca. 60–70 Minuten backen. Den Rosinenkuchen erst am anderen Tag anschneiden.

E.Herd 175–200 / G.Herd 2–3

Zitronen-Kuchen (Barbara-Kuchen)

200 g Butter/Margarine
abgeriebene Schale und Saft
von 1 Zitrone
250 g Zucker
4 Eier
125 g Mondamin
125 g Mehl
½ KL Backpulver

Glasur:
150 g Puderzucker
4 EL Zitronensaft
evtl. rote kandierte Kirschen

Einen Rührteig nach Grundrezept zubereiten. Den Teig in eine mit gefettetem Pergamentpapier ausgelegte Kastenform (30 cm Länge) füllen und im vorgeheizten Backofen 60–70 Minuten backen.
Nach dem Backen den Kuchen in der Form lassen und das Papier von den Rändern lösen. Zucker und Zitronensaft verrühren und über den heißen Kuchen streichen, evtl. mit den kandierten Kirschen verzieren. Den Kuchen gleich nach dem Erkalten aus der Form nehmen.
Der Zitronenkuchen läßt sich auch sehr gut aus einer Backmischung Rührkuchenteig herstellen. Anstelle von Wasser verwendet man dann 3–4 Eßlöffel Zitronensaft.

E.Herd 175–200 / G.Herd 2–3

Schachbrettkuchen

Rührteig Marmorkuchen (S. 49)
oder 1 Paket Backmischung
Marmorkuchen

Creme:
3 EL Zucker
1 EL Kakao
2 Eier
100 g Palmin

Aprikosenmarmelade
Schokoladenglasur (S. 182)

Einen hellen und einen dunklen Rührteig wie für Marmorkuchen nach Grundrezept oder nach Anleitung auf dem Paket herstellen. Auf einem gut gefetteten Backblech eine Trennschiene oder Alufolie einfügen und auf die eine Hälfte den hellen Teig und auf die andere Hälfte den dunklen Teig gleichmäßig einfüllen. Im vorgeheizten Backofen 25–30 Minuten backen, auf ein Gitter stürzen und erkalten lassen.
Zur Creme Zucker und Kakao vermischen, mit den Eiern schaumig schlagen und zuletzt das flüssige Palmin unterrühren.
Den hellen und den dunklen Kuchen in gleichmäßige, 3–4 cm breite Streifen schneiden und ringsum mit der abgekühlten Creme bestreichen. Die Streifen im Schachbrettmuster hell–dunkel–hell zusammen- und aufeinandersetzen. Den Kuchen zwischen zwei Brettchen gut andrücken, kurze Zeit kühl stellen, mit Aprikosenmarmelade dünn überstreichen, um das Einsickern der Glasur zu verhindern, dann glasieren.

E.Herd 175–200 / G.Herd 2–3

Sandkuchen

125 g Butter/Margarine
200 g Zucker
abgeriebene Schale von
½ Zitrone
4 Eier
100 g Mehl
100 g Mondamin
1 KL Backpulver

Nach dem Grundrezept einen Rührteig zubereiten (Butter oder Margarine zerlassen und lauwarm verwenden), in eine mit gefettetem Pergamentpapier ausgelegte Kastenform (ca. 30 cm Länge) füllen und glattstreichen. Im vorgeheizten Backofen 60–70 Minuten backen.
In der Form etwas abkühlen lassen, dann im Pergamentpapier aus der Form nehmen und auskühlen lassen. Das Pergamentpapier abziehen, wenn der Kuchen kalt ist.
Der Sandkuchenteig kann auch in eine gefettete Springform gefüllt werden und ohne Belag als Boden für saftige Obstkuchen gebacken werden. Er eignet sich vorzüglich für Erdbeer-, Himbeer-, Brombeer-, Aprikosen-, Pfirsich- oder Mehrfruchtkuchen.

E.Herd 175–200 / G.Herd 2–3

Gewürzkuchen

150 g Butter/Margarine
150 g Zucker, 3 Eier
100 g Mehl
50 g Mondamin
2 KL Backpulver
1 KL Zimt
1/2 KL gemahlene Nelken
je 1 Prise Ingwer und Piment
je 1 Prise Muskat und Salz
100 g geriebene Schokolade
80 g geschälte grobgehackte Mandeln oder Haselnußkerne
je 30 g gewürfeltes Zitronat und Orangeat
Arrak- oder Punschglasur
(Seite 180)

Unter den nach Grundrezept zubereiteten Rührteig zuletzt die geriebene Schokolade, die gehackten Mandeln oder Haselnüsse, das gewürfelte Zitronat und Orangeat mischen. Den Teig in eine gut gefettete Kastenform (25 cm Länge) füllen, glattstreichen und im vorgeheizten Backofen 55–65 Minuten backen. Nach dem Backen vorsichtig stürzen und noch warm glasieren.

E.Herd 175–200 / G.Herd 2–3

Der Gewürzkuchen gelingt ebenso gut aus einer Backmischung nach Anweisung auf dem Paket. Im Paket ist auch die Glasurmischung enthalten.
Die Gewürze entfalten ihr Aroma am vollsten, wenn der gebackene Kuchen, in Alufolie eingeschlagen, einen Tag im Kühlschrank aufbewahrt und dann erst glasiert wird.

Feiner Teekranz

4 Eier und 4 Eigelb
125 g Zucker, 1 Prise Salz
100 g zerlassene Butter
60 g Mehl, 60 g Speisestärke
1 Msp. Backpulver
Creme:
Buttercreme Seite 174
8–10 Pistazien
etwas grüne Speisefarbe
Eiweißglasur Seite 181
einige Pistazien zum Garnieren

Die Eier mit den Eigelb, dem Zucker und dem Salz im Wasserbad schaumig schlagen. Die (evtl. geklärte) Butter zugeben und Mehl, Speisestärke und Backpulver unterziehen. In eine gut gefettete Kranzform füllen und 30–40 Minuten backen.

E.Herd 175–200 / G.Herd 2–3

Den erkalteten Teekranz ein- oder zweimal quer durchschneiden und mit Pistazien-Buttercreme füllen. Dazu die Pistazien fein hacken und zusammen mit ein paar Tropfen grüner Speisefarbe mit der Buttercreme vermischen. Den Teekranz mit Eiweißglasur bestreichen und gehackte Pistazien darüberstreuen.

Rehrücken

150 g Butter/Margarine
150 g Zucker
150 g Schokolade
5 Eier
150 g geriebene Mandeln
60 g Mutschelmehl oder
Semmelbrösel
1–2 EL Rum

Creme:
100 g Butter/Margarine
2 Rippen Schokolade
100 g Zucker
1–2 EL Rum

Glasur:
6 Rippen Schokolade
1 KL Butter/Margarine
10 Stück Würfelzucker
2 EL Wasser
50 g Mandelstifte

Butter, Zucker, im Wasserbad geschmolzene Schokolade und die ganzen Eier (einzeln nacheinander) schaumig rühren. Mandeln und das mit Rum befeuchtete Mutschelmehl unter die Masse heben. Den Teig in eine gefettete, mit Bröseln bestreute Rehrücken- oder Kastenform streichen und langsam 45–60 Minuten backen.
Für die Creme Butter und im Wasserbad geschmolzene Schokolade mit Zucker und Rum schaumig rühren. Den Rehrücken nach dem Erkalten einmal quer der Länge nach durchschneiden und mit der Creme füllen.
Für die Glasur die geschmolzene Schokolade mit der Butter vermischen. Den Würfelzucker im Wasser einmal aufkochen und dazugeben. Den Rehrücken glasieren und eventuell mit Mandelstiften spicken.

E.Herd 175–200 / G.Herd 2–3

Baumkuchen

250 g Butter
250 g Zucker
7 Eier
250 g Mondamin
1 Päckchen Vanillinzucker
abgeriebene Schale von
1 Zitrone

Glasur:
200 g Puderzucker
2–3 EL Zitronensaft
oder 1 Eiweiß
kandierte Früchte

Den Rührteig nach Grundrezept herstellen. Eine dünne Teigschicht (ca. ½ cm) gleichmäßig auf dem Boden einer gut gefetteten Kastenform verstreichen. Unter den vorgeheizten Grill (letzte Schiebeleiste vor den Grillstäben) geben und den Teig in 1–2 Minuten mittelbraun backen. Dann herausnehmen und die nächste dünne Schicht darauf streichen und wieder 1–2 Minuten mittelbraun backen. So Schicht um Schicht bakken, bis der Teig verbraucht ist.
Den warmen Kuchen dick mit Zitronenglasur oder den kalten Kuchen mit Eiweißglasur überziehen und mit den kandierten Früchten verzieren.
Der Baumkuchen hält sich drei bis vier Tage lang frisch.
Backofengrill oder großer Tischgrill: obere Schiebeleiste

Mokkaring

125 g Butter
250 g Zucker
5 Eier, abgeriebene Schale
von ½ Zitrone
1 EL Rum
100 g Mehl, 125 g Speisestärke
5 g Backpulver

Feine Mokkacreme:
30 g feingemahlener Kaffee
⅛ l Wasser, 20 g Zucker
¼ l Milch
½ Vanilleschote
Schale von ½ Zitrone
4–5 Eigelb
125 g Zucker
1 Prise Salz
20–25 g Speisestärke
125 g Butter, 120 g Puderzucker

Einen Rührteig nach dem Grundrezept zubereiten, in eine gut gefettete Ringform füllen und ca. 45–60 Minuten (Hölzchenprobe!) backen.

E.Herd 175–200 / G.Herd 2–3

Den Ring in der Form etwas abkühlen lassen, dann herausnehmen und erkalten lassen.
Zur Mokkacreme den Kaffee filtern, den Zucker in einer Pfanne trocken rösten, bis er braun ist und mit Kaffee ablöschen, glatt kochen.
Die Milch mit der halben Vanilleschote und der Zitronenschale zum Kochen bringen und 10 Minuten leicht weiterkochen. Vanilleschote und Zitronenschale entfernen, die Milch evtl. durchsieben. In einem Wasserbad die Eigelb mit Zucker und Salz schaumig rühren. Die heiße, nicht mehr kochende Milch, den Kaffee und die mit etwas kaltem Wasser angerührte Speisestärke zugeben und alles gut miteinander schlagen. Wenn die Creme kalt geschlagen ist, Butter mit Puderzucker „weiß" rühren und darunterrühren.
Den Teigring 3 oder 4 mal horizontal durchschneiden und mit Mokkacreme füllen. Mit Mokkaglasur (Seite 181) überziehen und mit leicht gerösteten Haselnußblättchen bestreuen.

Frucht-Mandel-Kuchen

125 g Butter
125 g Zucker
4 Eier
1–2 EL süße Sahne
250 g Mehl (oder halb Mehl, halb Speisestärke)
4 g Backpulver
100 g kandierte Ananas oder Aprikosen
100 g gehackte Walnüsse
einigen Haselnüsse und Mandeln

Die schaumig geschlagene Butter mit Zucker, Eier, Sahne und dem mit Backpulver vermischten Mehl verrühren. Die kandierten Ananas oder Aprikosen in kleine Stückchen schneiden und mit den gehackten Nüssen mit Mehl bestäuben. Unter den Teig rühren und die Masse in eine mit Backpapier ausgelegte runde oder Kasten-Form füllen und im vorgeheizten Backofen ca. 60 Minuten backen.
Nach der Hälfte der Backzeit vorsichtig die Mandeln und Nüsse in die Oberfläche drücken (siehe Foto Seite 19)

E.Herd 175–200 / G.Herd 2–3

Den Kuchen in der Form etwas abkühlen lassen, dann mit dem Backpapier herausnehmen.
Der Kuchen kann auch mit einer Orangenglasur Seite 180 bestrichen werden.

Ananas- oder Aprikosenstollen

5 Eier
125 g Zucker
70 g Butter/Margarine
1–2 Scheiben frische Ananas oder 4 Aprikosen
1 EL Cognac oder Madeira
70 g Mondamin, 70 g Mehl
1 Messerspitze Backpulver

Glasur:
125 g Puderzucker
2–3 EL Wasser

Die verquirlten Eigelb mit Zucker und der schaumig geschlagenen Butter mit dem elektrischen Handrührer ca. 2 Minuten rühren. Die Ananasscheiben oder Aprikosenhälften kleinwürfelig schneiden, mit Cognac oder Madeira beträufeln und kurz durchziehen lassen. Mondamin, Mehl, Backpulver und den Eigelbschaum zufügen, gut vermischen und den steifen Eischnee locker durchziehen.
Eine gefettete Kapselform mit Pergamentpapier auslegen, die Schaummasse einfüllen und im vorgeheizten Backofen 30–40 Minuten hellgelb backen. Das Papier nach dem Stürzen der Form durch Befeuchten ablösen und den Stollen glasieren.

E.Herd 175–200 / G.Herd 2–3

Kuchen und Torten mit Obst und Quark

Obstkuchen

Mürbteig-Grundrezept
1 kg Beeren, Äpfel, Kirschen oder Zwetschgen
evtl. 2 EL Semmelbrösel
60 g Schwarzbrotbrösel
120 g Zucker, 1/2 KL Zimt
30–50 g Mandelstifte
30–50 g Butter/Margarine

Den Mürbteig nach Grundrezept zubereiten, auswellen, in eine gefettete Springform legen und glattstreichen. Bei sehr saftigem Obst Semmelbrösel auf die Teigplatte streuen und das vorbereitete Obst dicht darauf verteilen.
Die Schwarzbrotbrösel mit Zucker, Zimt und Mandelstiften vermischen, den Obstbelag damit bedecken, mehrere Butterflöckchen obenauf setzen und im vorgeheizten Backofen 55–65 Minuten backen.
Wer weniger Zeit hat, kann eine fertige Backmischung für den Obstkuchenteig verwenden.

E.Herd 200–225 / G.Herd 3–4

Obsttorte

125 g Butter/Margarine
200 g Zucker
abgeriebene Schale von
1/2 Zitrone
4 Eier
100 g Mondamin
100 g Mehl
1 KL Backpulver
Vanille-Buttercreme (Seite 174)

750 g Erdbeeren, Himbeeren, Brombeeren, Aprikosen, Pfirsiche oder Ananas

Die Butter oder Margarine zerlassen, etwas abkühlen lassen und einen Rührteig nach Grundrezept zubereiten.
Den Teig in eine gut gefettete Springform füllen, glattstreichen und ohne Belag im vorgeheizten Backofen 25–30 Minuten backen.

E.Herd 175–200 / G.Herd 2–3

Den Tortenboden mit Vanille-Buttercreme bestreichen und dann mit den Beeren oder anderen Früchten dicht belegen. Eventuell mit einem fertigen Tortenguß überziehen oder mit Schlagsahne verzieren.

Torteletts für Obsttörtchen

**Mürbteig-Grundrezept
oder 1 Paket Backmischung
Obstkuchenteig**

Den Mürbteig nach Grundrezept oder Anleitung auf dem Paket zubereiten, auswellen und in gefettete Tortelett-Formen füllen. In 25–30 Minuten »blind«, d.h. ohne Belag backen. Vergl. Seite 12.

E.Herd 200–225 / G.Herd 3–4

Erdbeertörtchen

**Fertige Torteletts
Vanille-Buttercreme, (Seite 174)
500 g kleine Erdbeeren**

Die Törtchen mit Creme bestreichen und dicht mit den Erdbeeren belegen. Als Creme eignet sich auch die Buttercreme (Seite 174).
Ebenso kann man die Törtchen mit **Himbeeren, Brombeeren, Ananas, Aprikosen** oder **Pfirsichen** belegen.
Man kann die Törtchen noch zusätzlich mit einem fertigen Tortenguß überziehen und mit Schlagsahne verzieren.

Kirschen- oder Zwetschgen-(Pflaumen-)Törtchen

**Mürbteig-Grundrezept
500 g Kirschen oder Zwetschgen
120 g Zucker
2 EL Semmelbrösel
Guß:
2 EL Mondamin
1/4 l Sahne
2 Eier, 60 g Zucker
abgeriebene Schale von
1/2 Zitrone**

Den Mürbteig nach Grundrezept zubereiten, auswellen und die gefetteten Förmchen damit auslegen.
Kirschen waschen, entsteinen und auf die mit Brösel bestreuten Teigböden legen.
Zwetschgen waschen, halbieren, den Stein entfernen und jede Fruchthälfte nochmals leicht einschneiden. Mit Zucker bestreuen, etwa eine Stunde zugedeckt stehen lassen und dann schuppenartig mit der Schnittfläche nach oben auf die mit Bröseln bestreuten Teigböden legen.
Zum Guß das Mondamin mit Sahne glattrühren, Eier, Zucker und Zitronenschale daruntermischen. Gleichmäßig über die Törtchen verteilen und im vorgeheizten Backofen 30–40 Minuten backen.

E.Herd 200–225 / G.Herd 3–4

Johannisbeer-, Stachelbeer- oder Heidelbeertörtchen

Mürbteig-Grundrezept
500 g Beeren
Guß:
2 Eiweiß
6 EL Zucker
3 EL Mandelblättchen

Mürbteig nach Grundrezept zubereiten, auswellen und in die gefetteten Förmchen füllen. Dicht mit den Beeren belegen. Für den Guß Eiweiß steif schlagen, den Zucker nach und nach dazugeben und die Mandelblättchen darunterheben. Über die Beeren verteilen und im vorgeheizten Backofen in 30–40 Minuten backen.

E.Herd 200–225 / G.Herd 3–4

Weitere Obsttörtchen

siehe Kapitel »Kaffee- und Teegebäck«, Seite 112, 113.

Biskuit-Obsttorte

4 Eiweiß, 4 EL Wasser
200 g Zucker
1 Päckchen Vanillinzucker
4 Eigelb, 80 g Mehl
80 g Mondamin
1 KL Backpulver

1/2 l Sahne, 1 EL Zucker
500 g frisches oder gedünstetes Obst (Erdbeeren, Pfirsiche, Ananas oder dergleichen)

Die Biskuitmasse nach Grundrezept zubereiten, auf ein mit gefettetem Pergamentpapier ausgelegtes Backblech streichen und im vorgeheizten Backofen 12–15 Minuten backen. Nach dem Backen sofort auf ein Tuch stürzen und das Papier abziehen. Die erkaltete Platte zuerst in der Mitte durchschneiden und von beiden Hälften 1/3 der Länge abschneiden, so daß 2 große und 2 kleine Teile entstehen.
Die Sahne mit dem Zucker steif schlagen und das Obst unter 2/3 der Sahne mischen, einen Teil der Obstsahne auf die erste Kuchenplatte streichen. Die beiden kleineren Biskuitplatten darauflegen, den Rest der Obstsahne daraufgeben und die letzte Kuchenplatte darüberdecken. Die Oberfläche und die Ränder der Torte mit der restlichen Sahne bestreichen und mit Früchten verzieren.
Der Biskuit kann auch aus einer Backmischung nach Anweisung auf dem Paket hergestellt werden.

E.Herd 200–225 / G.Herd 3–4

Apfelkuchen »Salome«

Mürbteig-Grundrezept
1–1½ kg Äpfel
Saft von 1 Zitrone
2–3 EL Rosinen
80 g Butter/Margarine
3 EL Mondamin
½ l Milch
3–4 EL Zucker
1 Päckchen Vanillinzucker
3 Eier

Den Mürbteig nach Grundrezept herstellen, in eine gefettete Springform (ca. 26 cm Durchmesser) geben und glattstreichen. Die Äpfel schälen, vierteln, vom Kerngehäuse befreien und in feine Schnitze schneiden. Sofort mit Zitronensaft beträufeln, damit sie nicht braun werden. Die Apfelschnitze dicht auf den Teig legen und die Rosinen darüberstreuen.
In einem Topf bei geringer Wärmezufuhr aus Butter und Mondamin eine helle Mehlschwitze bereiten, mit der Milch ablöschen, sofort Zucker, Vanillinzucker und Eigelb zugeben und unter ständigem Schlagen mit dem Schneebesen zum Kochen bringen. Die Eiweiß zu steifem Schnee schlagen und unter die noch heiße Masse heben.
Den Guß über den Kuchen gleichmäßig verteilen und 50–60 Minuten backen.

E.Herd 200–225 / G.Herd 3–4

Apfelkuchen mit glasierten Äpfeln

Mürbteig-Grundrezept
oder 1 Paket Backmischung
Obstkuchenteig (mit 125 g Butter/Margarine und 1 Ei)
1–1½ kg mittelgroße Äpfel
½ l Apfelsaft
200 g Zucker
Schale von ½ Zitrone
4 EL Apfelgelee

2–3 EL Zwiebackbrösel
50 g Mandelstifte
40 g Sultaninen

Den Mürbteig nach Grundrezept zubereiten und kühl stellen. Die Äpfel waschen, schälen, halbieren und das Kernhaus entfernen. Den Apfelsaft mit Zucker, Zitronenschale und Apfelgelee aufkochen und die Apfelhälften so lange darin dünsten, bis sie sich mit einem Hölzchen durchstechen lassen, ohne zu zerfallen. Dann auf ein Gitter zum Abkühlen legen und den Saft dick einkochen.
Inzwischen eine gefettete Tortenform mit dem ausgewellten Teig auslegen und einen Randstreifen rundum aufsetzen. Den Teigboden durch Einstechen mit einer Gabel auflockern und ohne Belag im vorgeheizten Backofen ca. 25 Minuten backen. Den Kuchenboden mit Bröseln bestreuen, die Apfelhälften mit der Wölbung nach oben darauflegen, die Mandelstifte und vorbereiteten Sultaninen darauf verteilen und den Kuchen ca. 15 Minuten fertig backen. Die Äpfel noch warm mit dem gelierten Apfelsaft glasieren.

E.Herd 200–225 / G.Herd 3–4

Schwäbischer Apfelkuchen (Gedeckter Apfelkuchen)

280 g Mehl
140 g Butter/Margarine
125 g Zucker
1–2 Eier
3–4 EL süße Sahne
oder Dosenmilch

1 kg mürbe Äpfel
80 g Zucker
abgeriebene Schale und Saft
von ½ Zitrone
30 g geschälte, gehackte
Mandeln
60 g Sultaninen
1 Eigelb

Guß:
100 g Butter
100 g Zucker
etwas abgeriebene Zitronenschale
oder 1 KL Vanillinzucker

Einen Mürbteig nach Grundrezept herstellen und kalt stellen. Die geschälten Äpfel in Schnitze, dann in feine Blättchen schneiden, mit Zucker, Zitronenschale und Saft vermischen und zugedeckt ½ Stunde durchziehen lassen. Inzwischen aus ⅔ der Mürbteigmenge einen Boden ca. 1 cm größer als die Form und aus dem Teigrest einen etwas dünneren Deckel in Kuchenformgröße auswellen.

Den Teigboden in die gefettete Springform legen, dann die Apfelblättchen, Mandeln und die vorbereiteten Sultaninen darauf verteilen. Den überhängenden Teigrand einschlagen, mit Eigelb bestreichen, den Teigdeckel darüberdecken und ringsum gut andrücken.

Zum Guß die Butter leicht erwärmen, mit dem Zucker verrühren, die Zitronenschale oder den Vanillinzucker untermischen und den Teigdeckel damit überziehen. Den Kuchen im vorgeheizten Backofen ca. 40–50 Minuten hellbraun backen.

E.Herd 200–225 / G.Herd 3–4

Gestürzter Apfelkuchen

5 Eiweiß
5 EL kaltes Wasser
200 g Zucker
5 Eigelb, Saft und Schale
von ½ Zitrone
150 g Mehl,
Belag:
1 kg Äpfel
30 g Mandeln, Zucker

Eine Biskuitmasse nach Grundrezept zubereiten. Die geschälten Äpfel halbieren, das Kernhaus mit einem Apfel- oder Kartoffelbohrer entfernen und in eine gebutterte, leicht mit Mehl bestäubte Form legen, und zwar so, daß die Öffnung nach oben zeigt. Anstelle des Kerngehäuses die Äpfel mit den abgezogenen, geriebenen und mit etwas Zucker vermischten Mandeln füllen. Darüber die Biskuitmasse ziehen und den Kuchen im vorgeheizten Backofen ca. 35–40 Minuten backen.

E.Herd 175–200 / G.Herd 2–3

Apfelkuchen mit Kartoffelguß

Mürbteig-Grundrezept
Kartoffelguß:
80 g Butter
100 g Zucker
3–4 Eier, getrennt
abgeriebene Schale
von ½ Zitrone
1 Prise Salz
60 g Mandeln
100 g gekochte Kartoffeln
(vom Tag zuvor)
1 kg Boskop oder
andere Äpfel
Zitronensaft, Zucker

Einen Mürbteig nach Grundrezept herstellen und kaltstellen. Die weiche Butter mit Zucker und den Eigelb schaumig rühren. Zitronenschale, Salz und die abgezogenen, geriebenen Mandeln unterrühren. Die Kartoffeln reiben oder durch eine Presse drücken und mit der Schaummasse vermischen. Die Äpfel schälen, in Schnitze teilen und mit Zitronensaft übergießen, leicht zuckern.
Den Teigboden in eine gefettete Springform (oder Pie-Form) legen. Die Eiweiß steif schlagen und unter den Kartoffelguß heben. Die Apfelschnitze mit einer Gabel in den Guß tauchen und auf den Mürbteigboden legen. Den übrigen Guß über die Äpfel streichen. Den Kuchen im vorgeheizten Backofen ca. 45–60 Minuten backen.

E.Herd 200–225 / G.Herd 3–4

Apfel-Käse-Kuchen

125 g Butter/Margarine
1 Päckchen Vanillinzucker
125 g Zucker, 2 Eier
50 g Mondamin
125 g Mehl
1 KL Backpulver
1 kg Äpfel
150 g Butter/Margarine
200 g Zucker
2 Päckchen Vanillinzucker
2 Eier, 750 g Quark
125 g Mondamin
2 KL Backpulver
Streusel:
180 g Mondamin
180 g Mehl
180 g Zucker
1 Messerspitze Zimt
180 g Butter/Margarine

Den Rührteig nach Grundrezept herstellen, in eine gefettete Springform streichen und im vorgeheizten Backofen ca. 10 Minuten vorbacken.
Die Äpfel waschen, schälen, in Scheiben oder Spalten schneiden. Die Butter oder Margarine mit dem Zucker, Vanillinzucker und den Eiern schaumig rühren. Quark und Mondamin vermischen und das Backpulver darunterrühren. Die Äpfel auf dem vorgebackenen Rührteig verteilen und die Quarkmasse darüberstreichen. Mondamin, Mehl, Zucker und Zimt vermischen, die Butter darunter kneten, bis sich Streusel bilden. Die Streusel über die Quarkmasse streuen und den Kuchen im vorgeheizten Backofen 50–60 Minuten backen.

E.Herd 175–200 / G.Herd 2–3

Kartoffelkuchen, süße Art

3 Eigelb
150 g Zucker
Saft und Schale von
½ Zitrone
35 g geschälte Mandeln
5 bittere Mandeln
1½–2 EL Arrak
500 g gekochte Kartoffeln
1 Päckchen Backpulver
3 Eischnee.

Die Eigelb mit dem Zucker schaumig rühren, Zitronensaft und -schale, sowie die geriebenen Mandeln zugeben. Den Arrak über die geriebenen Kartoffeln träufeln und zusammen mit dem Backpulver zur Schaummasse geben. Zuletzt den Eischnee unterheben. Die Kartoffelmasse in eine mit Backpapier ausgelegte Form füllen und ca. 50 Minuten backen.

E.Herd 200 / G.Herd 3

Den Kuchen nach dem Backen mit eingemachten Früchten belegen.

Käsekuchen

Mürbteig-Grundrezept
6 Eier
750 g Quark
150 g Zucker
100 g Mehl
abgeriebene Schale von
1 Zitrone
⅛ l Milch
¼ l Sahne
2–3 EL Rosinen

Den Mürbteig nach Grundrezept zubereiten, auswellen und in eine gefettete Springform legen. Die Eiweiß zu steifem Schnee schlagen und kalt stellen. Dann alle anderen Zutaten mit den 6 Eigelb außer den Sultaninen gut verrühren. Zuletzt den Eischnee unterheben und diese Masse auf der Teigplatte verteilen. Die Sultaninen darüberstreuen und ganz leicht unter die Oberfläche drücken. Im vorgeheizten Backofen ca. 1 Stunde backen.
Nach ca. 20 Minuten Backzeit mit einem spitzen Messer zwischen Rand und der sich schon langsam bräunenden und aufgehenden Quarkmasse fast bis zum Boden einschneiden, damit der Kuchen noch weiter aufgehen kann. Nach ca. weiteren 20 Minuten Backzeit den Kuchen mit Pergamentpapier abdecken, damit er nicht zu braun wird. Nach dem Backen den Kuchen ganz kurz auskühlen lassen und dann auf ein Drahtgitter stürzen. Nach ca. ½ Stunde den äußeren Rand des Springbleches wieder um den Kuchen legen und verschließen, bis der Kuchen ganz erkaltet ist.
Der Käsekuchen läßt sich auch vorzüglich aus einer Backmischung Käsekuchen herstellen, wenn Sie keinen Quark zuhause haben und überraschend Besuch bekommen. Alle Zutaten, auch die für die Quarkfüllung, sind im Paket.

E.Herd 200–225 / G.Herd 3–4

Käsekuchen mit Rumrosinen

Kuchenteig:
50 g Butter
50 g Zucker
4 EL süße Sahne oder Milch
200 g Mehl
½ Päckchen Backpulver
Belag:
80 g Butter
4 Eier, getrennt
120 g Zucker
600 g Quark (Topfen)
3 EL Mehl
¼–⅜ l saurer Rahm
½ KL Zimt
abgeriebene Schale von
½ Zitrone
60 g Rumrosinen

Für den Kuchenteig die Butter schaumig rühren, nach und nach die anderen Zutaten beigeben und den ausgewellten Teig in eine mit Backpapier ausgelegte Springform (Ø 24 cm) legen. (Auch den Rand mit Backpapier belegen, dann löst sich der Kuchen leichter aus der Form.)
In die schaumig gerührte Butter abwechselnd Eigelb und Zucker einrühren (Rührdauer von Hand 20 Minuten, mit dem Handrührgerät ca. 2 Minuten). Den Quark durch ein Sieb streichen und mit den anderen Zutaten, außer den Rosinen, unter die Schaummasse rühren. Die Rosinen mit etwas Mehl bestäuben, zugeben und zuletzt den Eischnee unterheben. Die Masse auf den Kuchenteig streichen und im vorgeheizten Backofen 45–60 Minuten zu schöner Farbe backen. Falls die Oberfläche zu schnell bräunt, mit Alufolie abdecken.

E.Herd 175–200 / G.Herd 2–3

Diabetiker Quark-Obst-Kuchen

(ca. 12 Stück, je 5,5 BE, ohne Obst)

Tortenboden:
80 g Diätmehl (S-Mehl), 1 Ei
40 g Diätmargarine
25 g Sionon, ½ TL Backpulver
Mandelblättchen
Obst nach Jahreszeit:
z. B. Apfelschnitze, gut
abgetropfte Johannisbeeren
Aprikosenhälften
Sauerkirschen
Belag:
500 g Magerquark, 3 Eigelb
abgerieben Schale und
Saft von ½ Zitrone
1 Msp. Backpulver
1–2 EL Natreen flüssig
3 Eiweiß

Aus den angegebenen Zutaten einen Rührteig herstellen und in eine gefettete Springform streichen. Einige Mandelblättchen auf dem Tortenboden verteilen und Obst nach Jahreszeit, z. B. dünne Boskopschnitze oder gut abgetropfte Sauerkirschen daraufegen. Den Magerquark (durch ein Tuch gedrückt, damit er schön trocken ist) mit den Eigelb, Zitronensaft und -schale, Backpulver und Süßmittel verrühren und zum Schluß den steifen Eischnee unterziehen. Den Quarkbelag rasch auf den Früchten verteilen und die Torte 50–60 Minuten im vorgeheizten Backofen backen.

E.Herd 200–225 / G.Herd 3–4

Käsekuchen mit Frischkäse

**9 Stück Zwieback
40 g Butter/Margarine
150 g Zucker
500 g Philadelphia-Frischkäse
1 KL abgeriebene Zitronenschale
1 EL Zitronensaft
1/8 l saure Sahne
5 Eier**

Den Zwieback zu Bröseln zerreiben (am besten, indem man jeweils 4 Stück in eine Stoffserviette einschlägt und mit einem Wellholz zu Bröseln zerdrückt). Butter oder Margarine in Flöckchen zerteilen, mit den Zwiebackbröseln und 2 EL Zucker vermischen und so lange zwischen den Handflächen verreiben, bis sich die Zutaten miteinander verbunden haben. Eine Springform (24 cm Durchmesser) gut fetten und die Zwiebackmasse mit einem Eßlöffel auf den Boden der Springform fest eindrücken. Den Philadelphia-Frischkäse bei Zimmertemperatur etwas stehen lassen und glattrühren. Den restlichen Zucker, Zitronenschale und -saft, Sahne und Eigelb nach und nach dazu geben und cremig rühren. Die Eiweiß zu sehr steifem Schnee schlagen. Die Philadelphia-Creme auf den Eischnee geben und locker unterziehen, in die Springform füllen und glatt streichen. Im vorgeheizten Backofen ca. 75 Minuten backen (die Mitte muß elastisch und fest sein). Nach dem Backen den Rand vorsichtig lösen, ca. 10 Minuten abkühlen lassen. Dann den Rand der Springform abnehmen und zum Auskühlen auf ein Kuchengitter geben – nicht stürzen!
E.Herd 150 / G.Herd 2

Rahmkuchen

**Blätterteig-Grundrezept
Seite 103
halbe Menge,
oder Tiefgefrierblätterteig
Belag:
60 g Mehl
je ¼ süßer und saurer Rahm
5 Eigelb
125 g Zucker
1 Prise Salz
abgeriebene Schale
von ½ Zitrone
250 g Schichtkäse oder
sehr trockener Quark
5 Eischnee**

Den Blätterteig nach Grundrezept zubereiten oder den Tiefgefrierblätterteig nach Anweisung auftauen und ausrollen. Auf ein mit kaltem Wasser abgespültes Blech legen, den niedrigen Rand des Blechs mit einem gefalzten Alustreifen begrenzen.
Das Mehl mit dem Rahm glattrühren. Die Eigelb, Zucker, Salz, Zitronenschale sowie den durch ein Sieb gestrichenen Schichtkäse oder sehr trockenen Quark (es eignet sich hierzu sehr gut der italienische Ricotta) mitrühren, zuletzt den Eischnee unterheben. Die Masse auf den Blätterteig streichen und im vorgeheizten Backofen ca. 45 Minuten backen.

E.Herd 200–225 / G.Herd 3–4

Aprikosen- oder Pfirsichkuchen

**Mürbteig-Grundrezept
oder Rührteig Ausklapptafel
1 Eigelb
1 kg mittelgroße Aprikosen oder Pfirsiche
Zuckerlösung von ¼ l Wasser und 150 g Zucker
1–2 EL Zwiebackbrösel**

**Guß:
3 Blatt weiße Gelatine
2 EL Weißwein**

30 g Mandelblättchen

Den Mürbteig nach Grundrezept zubereiten, auswellen und einen Boden sowie einen 2 cm breiten Randstreifen abrädeln. Eine gefettete Springform mit dem Boden auslegen, den Randstreifen aufsetzen und mit einem Löffelstiel fein einkerben. Den Rand mit Eigelb bestreichen, den Boden durch Einstechen mit einer Gabel auflockern und ohne Belag im vorgeheizten Backofen ca. 25 Minuten backen.

E.Herd 200–225 / G.Herd 3–4

Oder den Rührkuchenteig nach Rezept »Obsttorte« herstellen, in eine gefettete Springform füllen, glattstreichen und backen.

E.Herd 175–200 / G.Herd 2–3

Die Pfirsiche oder Aprikosen schälen, evtl. kurz in kochendes und danach in kaltes Wasser tauchen, damit sie sich leichter schälen lassen. Dann halbieren, kurz in der kochenden Zukkerlösung dünsten und abtropfen lassen.
Den Kuchenboden mit Bröseln bestreuen und die Pfirsich- oder Aprikosenhälften mit der Wölbung nach oben darauf verteilen. ¼ l Saft (Zuckerlösung) nochmals erhitzen, die Gelatine darin auflösen und den Wein zufügen. Den Guß durchsieben, bis zum Sämigwerden rühren, die Pfirsiche damit beträufeln und die Mandelblättchen darüberstreuen. Evtl. Schlagsahne darauf spritzen.

Birnentorte

**Mürbteig:
90 g Mehl
45 g Butter/Margarine
60 g Zucker**

Den Mürbteig nach Grundrezept zubereiten und kühl stellen. Zum Mandelteig Eigelb, Zucker und Butter schaumig rühren, die übrigen Zutaten untermischen und den steifen Eischnee leicht durchziehen.
Den Mürbteig in einer gefetteten Tortenform im vorgeheizten Backofen ca. 25 Minuten backen.

E.Herd 200–225 / G.Herd 3–4

Mandelteig:
8 Eigelb
120 g Zucker
60 g Butter/Margarine
120 g geschälte, geriebene Mandeln
100 g Mehl
4 Eiweiß

Schokoladenbuttercreme
(Seite 174)
750 g Birnen
100 g geröstete, gehackte Mandeln
einige Birnenschnitze

Den Mandelteig in eine gleichgroße gefettete Tortenform einfüllen und glattstreichen. Im vorgeheizten Backofen ca. 30 Minuten backen.

E.Herd 175–200 / G.Herd 2–3

Den Mürbteigboden mit geschälten, gezuckerten Birnenschnitzen oder mit gut abgetropften Birnen aus dem Glas oder aus der Dose belegen.
Die ausgekühlte Mandeltorte quer durchschneiden, einen Boden mit der Hälfte der Creme bestreichen, beide Platten aufeinandersetzen und die gefüllte Mandeltorte über die Birnen decken. Die Torte mit der restlichen Creme bestreichen, den Rand mit Mandeln bestreuen und mit Birnenhälften verzieren.

Erdbeertorte mit Quark-Creme

3 Eiweiß, 3 EL Wasser
150 g Zucker
1 Päckchen Vanillinzucker
3 Eigelb, 60 g Mehl
60 g Mondamin
1 KL Backpulver

oder 1 Paket Backmischung Biskuit
3 Eier
50 ml Wasser

500 g Quark
2 EL Zitronensaft
etwas abgeriebene Zitronenschale
500 g frische Erdbeeren
5 EL Zucker
6 Blatt weiße Gelatine
1 Becher süße Sahne

Den Biskuit nach Grundrezept oder nach Anleitung auf dem Paket in einer Springform backen.
Quark, Zitronensaft und -schale schaumig schlagen. Die Gelatine in kaltem Wasser einweichen und nach Vorschrift auflösen. Ein paar besonders schöne Erdbeeren zum Verzieren zurücklassen. Die restlichen Erdbeeren mit dem Zucker zerdrücken, unter den Quark mischen und die aufgelöste Gelatine vorsichtig unter die Quark-Creme rühren. Die Creme kalt stellen, bis sie fast steif ist. Den Biskuit quer durchschneiden, so daß zwei Tortenböden entstehen.
Einen Becher steif geschlagene Sahne vor dem Füllen unter die Quark-Creme heben.
Die Erdbeer-Quark-Creme einmal durchrühren und auf den beiden Tortenböden verteilen. Mit den Erdbeeren verzieren und kühl stellen.

E.Herd 200–225 / G.Herd 3–4

Erdbeerkuchen (Walderdbeerkuchen)

**Mürbteig-Grundrezept
oder Rührteig Ausklapptafel**

**1 kg Erdbeeren oder 500 g Walderdbeeren
2–4 EL Zucker
30 g geschälte, geriebene Mandeln**

Den Mürbteig nach Grundrezept zubereiten, auswellen und in eine gefettete Springform legen. Im vorgeheizten Backofen ohne Belag ca. 25 Minuten backen.

E.Herd 200–225 / G.Herd 3–4

Oder den Rührteig nach Grundrezept herstellen, in eine gefettete Springform füllen, glattstreichen und ebenso backen.

E.Herd 175–200 / G.Herd 2–3

Die Erdbeeren waschen, abtropfen lassen, entstielen und mit Zucker bestreuen. Die Walderdbeeren verlesen, möglichst nicht waschen, mit Zucker bestreuen und kurz durchziehen lassen. Die Erdbeeren gleichmäßig auf dem abgekühlten, mit den geschälten, geriebenen Mandeln bestreuten Kuchenboden verteilen und über die ganze Fläche ein Gitter von leicht gesüßter Schlagsahne spritzen.
Oder die Erdbeeren mit einem fertigen Tortenguß überziehen.

Erdbeertorte

Biskuit-Grundrezept

**500 g Erdbeeren
4 Eiweiß
200 g Zucker**

Den Tortenboden nach Grundrezept in einer gefetteten Springform backen und erkalten lassen.
Die gewaschenen Erdbeeren entstielen und kalt stellen. Von Eiweiß und Zucker eine steife Meringenmasse herstellen (vgl. Seite 117) und etwa $1/4$ davon zum Spritzen zurückbehalten. Die Erdbeeren mit dem Meringenschaum leicht vermischen und auf dem Tortenboden gleichmäßig verteilen. Den Rand mit dem zurückbehaltenen Schaum verzieren und die Torte noch kurz bei Oberhitze überbacken.

E.Herd 200–225 / G.Herd 3–4

Heidelbeer-Baiser-Torte

Mürbteig-Grundrezept
500 g frische oder tiefgefrorene Heidelbeeren
2 Eiweiß
100 g Zucker

Den Mürbteig nach Grundrezept zubereiten, in eine gefettete Springform (26 cm Durchmesser) geben und glattstreichen. Den Boden im vorgeheizten Backofen ca. 20 Minuten vorbakken.
Danach den Backofen auf Oberhitze umschalten. Die Heidelbeeren auf dem Boden gleichmäßig verteilen.
Die Eiweiß steif schlagen und den Zucker unter weiterem Schlagen einrieseln lassen. Die Baisermasse gitterförmig auf die Torte spritzen. Im Backofen, obere Schiebeleiste, 10–15 Minuten überbacken. Die Baisermasse wird leicht gebräunt.

E.Herd 200–225 / G.Herd 3–4

Diese Frucht-Baiser-Torte gelingt ebensogut mit einer Backmischung Obstkuchenteig nach Anleitung auf dem Paket.

Heidelbeerkuchen mit Rahmguß

250 g Mehl
1 Eigelb nach Belieben
60 g Butter
2 EL Zucker, 1 Prise Salz
10–15 g Hefe
⅛ l Milch
500 g Heidelbeeren
Semmelbrösel
Rahmguß:
2 Eier
60 g Zucker
¼ l Sauerrahm
etwas abgeriebene Zitronenschale

Das Mehl auf ein Backbrett schütten, die Butter in Stückchen auf das Mehl schneiden, Zucker, Salz und die in lauwarmer Milch aufgelöste Hefe zugeben. Den Teig solange bearbeiten, bis er Blasen zeigt. 30–45 Minuten ruhen lassen, dann auswellen und in eine gefettete Obstkuchenform (Ø 26 cm) legen, den Rand etwas hochziehen. Die Heidelbeeren verlesen und wenn möglich nicht oder nur kurz waschen, abtropfen lassen. Für den Guß die Eier mit Zucker, Sauerrahm und Zitronenschale verquirlen.
Die Teigplatte mit wenig Semmelbröseln bestreuen, die Heidelbeeren darauf verteilen und mit Guß bedecken. Im vorgeheizten Backofen auf der mittleren Schiebeleiste ca. 30–35 Minuten backen.

E.Herd 200–225 / G.Herd 3–4

Den Kuchen in der Form erkalten lassen, dann auf eine Platte gleiten lassen.

Himbeerkuchen mit Weinguß (Bröselteig)

180 g Mehl
120 g Butter/Margarine
50 g Zucker
1 Prise Salz
abgeriebene Schale von
1/2 Zitrone
1 Ei
oder 3–4 EL Dosenmilch

750 g Himbeeren
3–4 EL Zucker
1/8 l Rotwein
1 EL Mondamin

Das Mehl und die kalte Butter auf dem Backbrett mit der Hand zu feinen Klümpchen verreiben, die anderen Zutaten zufügen, rasch zusammen verkneten und den Teig einige Male auf dem Brett aufschlagen.
Den Bröselteig in einer gefetteten runden Backform ohne Belag 25–30 Minuten im vorgeheizten Backofen backen.

Die vorbereiteten Himbeeren mit Zucker bestreuen und kalt stellen. Dann den gezogenen Saft absieben, mit dem Rotwein vermischen und eventuell noch etwas nachsüßen. Mit Mondamin binden und aufkochen. Den Guß lauwarm über die auf den Kuchenboden dicht aufgelegten Himbeeren gießen, fest werden lassen und eventuell mit Schlagsahne verzieren.
Der Kuchenboden kann auch aus Sandkuchenteig (Seite 51) oder aus einer Backmischung Sandkuchenteig nach Anleitung auf dem Paket zubereitet werden.

E.Herd 175–200 / G.Herd 2–3

Himbeer- oder Brombeerkuchen

Obsttortenteig Seite 57
1–2 EL geschälte, gehackte
Mandeln oder Kokosflocken
500 g Himbeeren oder
Brombeeren
2–3 EL Zucker
1 Päckchen Tortenguß
oder Schlagsahne

Den Obsttortenteig zubereiten, in eine gefettete Springform füllen und glattstreichen. Ohne Belag im vorgeheizten Backofen ca. 25 Minuten backen.
Nach dem Erkalten mit den gehackten Mandeln oder in etwas Butter und Zucker angerösteten Kokosflocken bestreuen. Die sorgsam verlesenen, möglichst nicht gewaschenen Himbeeren oder Brombeeren einzuckern, nur kurz durchziehen lassen, dicht auflegen, mit einem klaren Tortenguß überziehen oder mit einem Gitter von Schlagsahne verzieren.

E.Herd 175–200 / G.Herd 2–3

Johannisbeerkuchen (Träubleskuchen)

Mürbteig-Grundrezept
10 Eiweiß
300 g Zucker
50 g Grieß
100 g Mandeln
ca. 1 kg rote Johannisbeeren
2 EL Zwiebackbrösel

Den Mürbteig nach Grundrezept zubereiten, auswellen und in ein gefettetes Springblech (26 cm Durchmesser) legen.
Die Eiweiß zu sehr steifem Schnee schlagen, Zucker dazugeben und kurz mitrühren. Den Grieß und die geschälten, gemahlenen Mandeln daruntermischen. Die Masse teilen, die eine Hälfte mit den abgetropften Johannisbeeren vermischen und auf den mit Zwiebackbröseln bestreuten Kuchenboden verteilen. Die übrige Masse darübergeben und den Kuchen im vorgeheizten Backofen 70–80 Minuten backen.
Anstelle des Mürbteigbodens können Sie auch einen Kuchenboden aus einer Backmischung Obstkuchenteig nach Anleitung auf dem Paket herstellen.

Da die Johannisbeeren beim Backen viel Saft abgeben, muß der Obstkuchenteig reichlich mit Bröseln bestreut oder eine Viertelstunde blind (d. h. ohne Belag) vorgebacken werden, damit er nicht zu naß wird.

E.Herd 175–200 / G.Herd 2–3

Beeren-Mandeltorte

6 Eigelb
180 g Zucker
abgeriebene Schale und Saft von
½ Zitrone
180 g ungeschälte, geriebene Mandeln
1 KL Zimt
30 g Zitronat
2 Eiweiß

Eigelb, Zucker, Zitronenschale und -saft ca. 3 Minuten mit dem elektrischen Handrührgerät rühren. Die Hälfte der Mandeln, den Zimt, das kleinwürfelig geschnittene Zitronat untermischen und zuletzt die übrigen Mandeln mit dem steifen Eischnee locker vermischt unterziehen. Die Masse in eine gefettete Tortenform füllen, glattstreichen und im vorgeheizten Backofen 45–60 Minuten backen.

E.Herd 175–200 / G.Herd 2–3

500 g Johannis- oder Himbeeren
Johannis- oder
Himbeergelee
100 g Mandelplättchen

Die erkaltete Torte quer durchschneiden, mit den gezuckerten Beeren füllen, die Oberfläche mit Gelee überstreichen und geröstete Mandelblättchen darüberstreuen.

Kirschenkuchen mit Milchguß

**Hefeteig-Grundrezept
(½ Menge)
oder 1 Paket Backmischung
Hefeteig
1 kg schwarze Kirschen**

**Milchguß:
¼ l Milch
⅛ l süße Sahne
2 EL Zucker
2 EL Mondamin
abgeriebene Schale von
½ Zitrone
2 Eier
30 g geschälte, geriebene
Mandeln
einige Butterflöckchen**

Den Hefeteig nach Grundrezept oder nach Anweisung auf dem Paket zubereiten und auf ein gefettetes Backblech ½ cm dick ausrollen. Den inneren Teigrand etwas hoch drücken und die Form mit dem Teig nochmals kurze Zeit warm stellen. Inzwischen die Kirschen waschen, entsteinen und den noch etwas aufgegangenen Teigboden dicht damit belegen.
Milch, Sahne und Zucker zum Kochen bringen, das Mondamin mit wenig kalter Milch verquirlen, einlaufen lassen und den Guß nach dem Sämigwerden kalt rühren. Dann Zitronenschale und Eigelb untermischen, den steifen Eischnee locker durchziehen und den Kuchen kurz vor dem Backen damit übergießen.
Die Mandeln und Butterflöckchen obenauf geben und den Kuchen im vorgeheizten Backofen ca. 40 Minuten backen.

E.Herd 200–225 / G.Herd 3–4

Den Kuchen bei geöffneter Backofentüre noch ca. 10 Minuten abdampfen lassen, dann sofort aus dem Backblech lösen.

Kirschenkuchen (Wiener Art)

**125 g Butter/Margarine
150 g Zucker
abgeriebene Schale von
½ Zitrone
4 Eier
300 g Mehl
½ Päckchen Backpulver
150 g geschälte, geriebene
Mandeln**

**1 kg Sauerkirschen
Puderzucker
1 Päckchen Vanillinzucker**

Aus den angegebenen Zutaten einen Rührteig nach Grundrezept zubereiten. Den Teig in ein gefettetes Springblech streichen und die gewaschenen Kirschen gleichmäßig darauf verteilen. Im vorgeheizten Backofen 45–60 Minuten backen. Nach kurzem Abkühlen mit Puderzucker und Vanillinzucker bestäuben.

E.Herd 175–200 / G.Herd 2–3

Kirschenkuchen mit Schokolade

200 g Butter/Margarine
180 g Zucker
4 Eier, 200 g Mehl
1 Päckchen Backpulver
125 g ungeschälte, geriebene Mandeln
100 g geriebene Schokolade
1 KL Zimt, 3 EL Rum

1 kg entsteinte Kirschen
Puderzucker

Den nach Grundrezept zubereiteten Rührteig in einer gefetteten Springform gleichmäßig verteilen. Die Kirschen obenauf geben und leicht eindrücken. Den Kuchen im vorgeheizten Backofen 45–60 Minuten backen und nach kurzem Abkühlen mit Puderzucker bestäuben.

E.Herd 175–200 / G.Herd 2–3

Umgedrehte Kirschentorte

Alufolie (30 cm breit)
500 g frische, entsteinte oder
1 Glas Sauerkirschen
(Einwaage 480 g)
¼ l Kirschsaft
100 g Zucker
6 EL Mondamin (45 g)

80 g Butter/Margarine
160 g Zucker
1 Päckchen Vanillinzucker
2 Eier, 80 g Mehl
100 g Mondamin
3 KL Backpulver
evtl. 3 EL Milch
1 Päckchen Mandelblättchen
(ca. 40 g)

Die Alufolie über eine umgedrehte Springform (26 cm Durchmesser) legen und die überstehenden Seiten an den Springformrand festdrücken. Die Alufolie in die Springform legen und den Boden fetten. Die Kirschen abtropfen lassen und in die Springform geben. Kirschsaft und Zucker zum Kochen bringen, das Mondamin in wenig kaltem Wasser anrühren, den Saft damit binden und über die Kirschen gießen. Einen Rührteig nach Grundrezept zubereiten, evtl. 3 EL Milch zufügen und den Teig über die Kirschen geben. Den Rost auf den Boden des Backofens schieben, die Springform daraufsetzen und im vorgeheizten Backofen 50–70 Minuten backen.
Den Springformrand lösen, die Torte ca. 10 Minuten abkühlen lassen und auf eine Platte stürzen. Dann erst den Springformboden und die Alufolie ablösen und mit Mandelblättchen bestreuen.

E.Herd 175–200 / G.Herd 2–3

◂ Im Vordergrund: Fächertorte, Seite 98,
dahinter: Kaffee-Sahne-Torte, Seite 88

Kuchen und Torten mit Obst und Quark

Kirschenkuchen mit Weckteig (Semmelteig)

6 Milchbrötchen
3/8 l Milch
90 g Butter
4 Eier, 150 g Zucker
90 g geschälte, geriebene Mandeln
1/2 KL Zimt
abgeriebene Schale von
1/2 Zitrone

1 kg Kirschen
3 EL Zucker
Puderzucker zum Bestäuben

Die einen Tag alten Milchbrötchen abreiben, in feine Scheiben schneiden, mit der Milch befeuchten und gut durchziehen lassen. Die Butter schaumig rühren, Eigelb und Zucker zufügen und mit dem elektrischen Handrührer ca. 2 Minuten schlagen, dann die Mandeln, Zimt, Zitronenschale und das steif geschlagene Eiweiß untermischen. Die befeuchteten Weckstückchen zufügen, alles leicht vermischen und den Teig auf ein gefettetes Backblech streichen.
Die entsteinten, eingezuckerten Kirschen nebeneinander in den Teig eindrücken und den Kuchen im vorgeheizten Backofen ca. 40 Minuten hellbraun backen.
Den erkalteten Kuchen mit Puderzucker bestäuben.

E.Herd 200–225 / G.Herd 3–4

Grießkirschenkuchen

1 l Milch, 1 Prise Salz
125 g Butter/Margarine
180 g Grieß, 6–8 Eier
250 g Zucker
abgeriebene Schale von
1/2 Zitrone
125 g Mandeln, 1 KL Zimt
1–1 1/2 kg frische oder 1 Literglas eingedünstete Kirschen

Milch, Salz und 30 g Butter zum Kochen bringen, den Grieß langsam unter ständigem Rühren einstreuen, zu einem dicken Brei kochen, sofort 1 ganzes Ei darunterrühren und kalt stellen.
Die restliche Butter schaumig rühren, Zucker, Eigelb, den Grießbrei, Zitronenschale, geriebene Mandeln, Zimt und zuletzt den steif geschlagenen Eischnee untermischen. Den Boden einer größeren Springform mit Alufolie auslegen und die Hälfte des Teiges daraufstreichen. Unter den übrigen Teig die abgetropften und entsteinten Kirschen mischen und diese Masse gleichfalls in die Form geben. Im vorgeheizten Backofen 60–75 Minuten backen.

E.Herd 175–200 / G.Herd 2–3

Mehrfruchtkuchen

**Obsttortenteig Seite 57
oder Mürbteig-Grundrezept
30 g geschälte, geriebene
Mandeln
oder 1–2 EL Zwiebackbrösel
250 g Himbeeren oder Erdbeeren
3–4 Ananasscheiben (aus der
Dose)
einige dunkle Kirschen
ca. 1/2 Tasse rote und weiße
Johannisbeeren
250 g Aprikosen oder Pfirsiche
250 g Stachelbeeren**

**Guß:
Ananassaft aus der Dose
oder 1 Päckchen Tortenguß
oder 3 Blatt weiße Gelatine
50 g Mandelblättchen zum
Verzieren**

Den Rühr- oder Mürbteig in eine gefettete runde Kuchenform füllen, glattstreichen und ohne Belag im vorgeheizten Backofen ca. 25 Minuten backen.
Den erkalteten Kuchenboden mit geriebenen Mandeln oder Zwiebackbröseln bestreuen und die sorgsam verlesenen Himbeeren oder vorbereiteten Erdbeeren in die Mitte häufen. Ringsum halbierte Ananasscheiben, entsteinte Kirschen legen und diese abwechselnd mit roten und weißen Johannisbeeren umranden. Um die Johannisbeeren geschälte, halbierte Aprikosen oder Pfirsiche (frische Früchte vordünsten) anordnen. Den äußeren Rand bilden kurz vorgekochte oder vollreife Stachelbeeren.
Auch andere Beeren und Früchte lassen sich zu Mehrfruchtkuchen verwenden, z. B. Brombeeren, Heidelbeeren, Mirabellen, Weintrauben, Sauerkirschen oder Südfrüchte aller Art. Statt Ananas eignen sich z. B. helle oder dunkle Orangenscheiben. Ihrer Phantasie sind keine Grenzen gesetzt.
Zum Guß den Ananassaft aus der Dose mit Tortenguß oder Gelatine binden und erkaltet, aber noch dickflüssig, über den Kuchen träufeln. Die Mandelblättchen darüberstreuen.

Mürbteig: E.Herd 200–225 / G.Herd 3–4
Rührteig: E.Herd 175–200 / G.Herd 2–3

Rhabarbertorte mit Baisergitter

**125 g Butter/Margarine
125 g Zucker
1 Ei, 2 Eigelb
50 g Mondamin
125 g Mehl
1 KL Backpulver
750 g Rhabarber
2 Eiweiß
125 g Zucker
1 KL Zitronensaft
Puderzucker**

Den Rührteig nach Grundrezept zubereiten und in eine gefettete Springform (26 cm Durchmesser) streichen. Den geputzten Rhabarber in 2 cm lange Stücke schneiden und auf der Teigplatte verteilen. Im vorgeheizten Backofen ca. 45 Minuten backen. Die Eiweiß sehr steif schlagen und den Zucker unter weiterem Schlagen einrieseln lassen, den Zitronensaft darunter mischen. Die Baisermasse in einen Spritzbeutel mit Tülle füllen und ein Gitter auf die Torte spritzen. Die Torte weiterbacken, bis das Baisergitter goldgelb ist. Puderzucker über die erkaltete Torte stäuben.

E.Herd 175–200 / G.Herd 2–3

Rhabarberkuchen

Mürbteig-Grundrezept
750 g Rhabarber
150–200 g Zucker
Zwiebackmehl

2 EL Mondamin
¼ l Sahne
120 g Zucker, 2 Eier
abgeriebene Schale von
½ Zitrone

Den Mürbteig nach Grundrezept zubereiten, auswellen und in ein gefettetes Springblech (26 cm Durchmesser) legen.
Den Rhabarber schälen, in ca. 2 cm große Stücke schneiden, in einen Topf geben und mit kochendem Wasser übergießen. Das Wasser sofort wieder abschütten, den Rhabarber gut einzuckern und auf die mit Zwiebackmehl bestreute Teigplatte geben.
Mondamin und Sahne verrühren, Zucker, Eigelb, Zitronenschale und zuletzt den Eischnee daruntermischen und den Guß auf dem Rhabarber verteilen. Den Kuchen im vorgeheizten Backofen 55–60 Minuten backen.

E.Herd 200–225 / G.Herd 3–4

Stachelbeerkuchen

Mürbteig-Grundrezept
10 Eiweiß
300 g Zucker
100 g geraspelte Kokosflocken
100 g Mandeln
ca. 1 kg frische oder eingedünstete Stachelbeeren
2 EL Zwiebackbrösel

Den Mürbteig nach Grundrezept zubereiten, auswellen und in ein gefettetes Springblech (26 cm Durchmesser) legen.
Erschrecken Sie nicht über die 10 Eiweiß! Sie können sie nach und nach ansammeln und im Gefrierfach des Kühlschranks oder in der Tiefkühltruhe konservieren.
Die Eiweiß zu sehr steifem Schnee schlagen, Zucker dazugeben und kurz mitrühren. Die Kokosraspeln und die geschälten, gemahlenen Mandeln daruntermischen. Die Masse teilen, die eine Hälfte mit den abgetropften Stachelbeeren vermischen und auf den mit Zwiebackbröseln bestreuten Kuchenboden verteilen. Die übrige Masse darübergeben und den Kuchen im vorgeheizten Backofen 70–80 Minuten backen.

Anstelle des Mürbteigbodens können Sie auch einen Kuchenboden aus einer Backmischung Obstkuchenteig nach Anleitung auf dem Paket herstellen.

E.Herd 175–200 / G.Herd 2–3

Quittenkuchen

Mürbteig-Grundrezept

ca. 750 g eingedünstete Quitten
1–2 EL Zwiebackbrösel
30 g geschälte, geriebene Mandeln oder Haselnüsse

Guß:
3–4 mittelgroße reife Quitten
180 g Zucker
90 g geschälte, geriebene Mandeln
abgeriebene Schale von
1 Zitrone
3 Eier

Den Mürbteig nach Grundrezept zubereiten, auswellen, eine gefettete Springform damit auslegen und den Teigboden mit den Bröseln, Mandeln oder Haselnüssen bestreuen. Die gedünsteten Quittenschnitze gut abtropfen lassen und nicht zu dicht darauflegen.

Zum Guß die frischen Quitten in reichlich Wasser weich kochen, schälen, auf einer Raffel reiben und das Quittenmark abmessen. Unter 200 g Quittenmark die obigen Zutaten mischen, glatt verrühren, den steifen Eischnee locker durchziehen und den Guß über die Quitten streichen. Den Kuchen im vorgeheizten Backofen ca. 40 Minuten backen.

E.Herd 200–225 / G.Herd 3–4

Zwetschgenkuchen mit Guß

Mürbteig-Grundrezept

750 g Zwetschgen
120 g Zucker
2 EL Semmel- oder Zwiebackbrösel

Guß:
2 EL Mondamin
¼ l saure Sahne
2 Eier
60 g Zucker
abgeriebene Schale von
½ Zitrone

Eine gefettete runde Kuchenform mit Mürb- oder Obstkuchenteig auslegen. Die gewaschenen Zwetschgen halbieren, den Stein entfernen und jede Fruchthälfte nochmals leicht einschneiden. Die Schnitze mit dem Zucker bestreuen und etwa 1 Stunde zugedeckt stehen lassen. Die Teigplatte mit Bröseln bestreuen, die Zwetschgen mit der Schnittfläche nach oben schuppenartig darauflegen.

Zum Guß das Mondamin mit der Sahne glattquirlen, Eier, Zucker und Zitronenschale daruntermischen. Den Guß gleichmäßig über die Zwetschgen verteilen und den Kuchen im vorgeheizten Backofen ca. 40 Minuten backen.

E.Herd 200–225 / G.Herd 3–4

Oder von einem Päckchen Vanillepudding mit Milch, Zucker und Eigelb einen Pudding kochen. Kaltschlagen und ¼ l Sauerrahm unterziehen. Den Guß gleichmäßig auf den Zwetschgen verteilen.

Torten

Grießtorte

6 Eigelb
125 g Zucker
abgeriebene Schale und
Saft von ½ Zitrone
180 g Grieß
50 g geschälte und geriebene
Mandeln
darunter 1–2 bittere
6 Eiweiß
Schokoladenglasur Seite 182

Die Eigelb mit Zucker, Zitronenschale und -saft schaumig rühren. Den Grieß einfließen lassen und von Hand ca. 15 Minuten (mit dem Handrührer ca. 1½ Minuten) rühren. Die geriebenen Mandeln zugeben und den Eischnee unterziehen. In eine gut gefettete Springform (Ø 26 cm) einfüllen. Im vorgeheizten Backofen ca. 45 Minten backen.

E.Herd 200–225 / G.Herd 3–4

Grünkernmehltorte

2 Eigelb
70 g Butter
250 g Zucker
Saft und Schale
von 1 Zitrone
¼ l Milch
250 g Grünkernmehl
1 kleines Fläschchen
Bittermandelöl
1 Päckchen Backpulver
2 Eischnee

Die Eigelb mit Butter und Zucker sowie Zitronensaft und Schale schaumig rühren. Abwechselnd kleine Mengen Milch und Grünkernmehl zugeben, zuletzt Bittermandelöl, Backpulver und den steif geschlagenen Eischnee unterziehen. In eine mit Backpapier ausgelegte Form (Ø 22–24 cm) einfüllen und ca. 45 Minuten backen.

E.Herd 200 / G.Herd 3

Kartoffeltorte

7 Eigelb
220 g Zucker
abgeriebene Schale von
½ Zitrone
50 g geschälte,
geriebene Mandeln
300 g gekochte Kartoffeln
je 40 g feingewiegtes
Zitronat und Orangeat
1 KL Zimt
1 Msp. Nelkenpulver
etwas Bittermandelöl
7 Eischnee

Die Eigelb mit Zucker und Zitronenschale dickschaumig rühren, die geriebenen Mandeln mit den geriebenen Kartoffeln zugeben und mit den Geschmackszutaten gut verrühren. Zuletzt den Eischnee unterziehen und die Masse in eine gut gefettete Form (ø 28 cm) füllen. Die Kartoffeltorte ca. 60 Minuten backen.

E.Herd 200–225 / G.Herd 3–4

Nach dem Erkalten eine Sternschablone auflegen und mit Puderzucker bestäuben. Sehr hübsch sehen auch kleine Marzipankartoffeln als Dekoration aus (Marzipan-Herstellung Seite 172).

Brottorte

200 g Schwarz- oder Graubrot
¹⁄₁₀ l Rotwein
2 KL Rum
90 g ungeschälte, geriebene Mandeln
je 40 g Zitronat und Orangeat
8 Eier
250 g Zucker
Saft und geriebene Schale von
½ Zitrone
je ½ KL Zimt und gemahlene Nelken

Glühwein:
¼ l Rotwein, 50 g Zucker
½ KL Zimt, 1 Nelke
1 Zitronenspalte

Die Brotscheiben rösten, fein mahlen, eventuell sieben und mit Rotwein und Rum befeuchten. Die Mandeln, das kleinwürfelig geschnittene Zitronat und Orangeat zugeben und Eigelb, Zucker, Zitronensaft und -schale mitrühren (ca. 2 Minuten mit dem elektrischen Handrührgerät). Zuletzt Zimt, Nelken, die befeuchteten Brösel untermischen und den steifen Eischnee leicht durchziehen.
Die Masse in eine gefettete Springform (28 cm Durchmesser) füllen, im vorgeheizten Backofen ca. 60 Minuten backen, die Torte noch warm mit einer Gabel mehrmals einstechen und den heißen, durchgesiebten Glühwein darüberträufeln.

E.Herd 175–200 / G.Herd 2–3

Kastanientorte

1½ kg Edelkastanien (Maronen)
6 Eier, 180 g Zucker
1 Päckchen Vanillinzucker
75 g geschälte, geriebene Mandeln

Creme:
250 g geschälte Kastanien
ca. ¼ l Milch
80 g Zucker
1 KL Vanillinzucker
4 Blatt weiße Gelatine
einige Tropfen Bittermandelöl
1 KL Maraschino
¼ l Schlagsahne

Vanilleglasur (Seite 180) oder Puderzucker

Die Kastanien ringsum einschneiden und so lange auf einem Backblech im heißen Backofen rösten, bis sie aufspringen und sich die Schale mit der inneren Haut löst. Die Kastanien schälen und in der Mandelmühle mahlen. Eigelb und Zucker ca. 3 Minuten mit dem elektrischen Handrührgerät rühren, den Vanillinzucker, die Mandeln und die halbe Menge der gemahlenen Kastanien zufügen. Die restlichen Kastanien locker mit dem steifen Eischnee mischen, unter die Tortenmasse ziehen und in einer gefetteten Tortenform im vorgeheizten Backofen ca. 60 Minuten backen.
Nach dem Erkalten die Torte einmal quer durchschneiden. Zur Creme die geschälten Kastanien in soviel Milch weichkochen, daß sie davon bedeckt sind. Dann durchpassieren und Zucker, Vanillinzucker, die aufgelöste Gelatine, das Bittermandelöl, den Maraschino und die steif geschlagene Sahne untermischen. Die Torte mit der Kastaniencreme füllen, mit Glasur überziehen oder mit Puderzucker bestäuben.

Die Torte lauwarm servieren.

E.Herd 175–200 / G.Herd 2–3

Reistorte

250 g Reis
ca. 1 l Milch
Blätterteig-Grundrezept oder Tiefgefrierblätterteig
80 g Butter
60 g Zucker
4 Eigelb
abgeriebene Schale von 1 Zitrone
30 g feingewürfeltes Zitronat
1 Prise Zimt, 4 Eischnee
Mandelstifte und Zucker zum Bestreuen

Den Reis mit kochendem Wasser überbrühen, in der Milch ausquellen und abkühlen lassen.
Butter mit Zucker und Eigelb schaumig rühren, mit Zitronenschale, Zitronat und Zimt würzen, den Reis zugeben und die Eischnee unterheben.
Den nach dem Grundrezept zubereiteten Blätterteig oder den Tiefgefrierblätterteig in eine runde, mit Backpapier ausgelegte Form (Ø ca. 32 cm) legen, dabei auch den Rand belegen, und die Reismasse einfüllen. Mandelstifte und Zucker darüberstreuen und die Reistorte ca. 60 Minuten backen.

E.Herd 200–225 / G.Herd 3–4

Zwiebacktorte

**6 Eier
200 g Zucker
Saft und abgeriebene Schale
von 1 Zitrone
je 20 g Zitronat und Orangeat
15 Zwiebackscheiben
1/2 KL Zimt**

**1/10 l Weißwein
1 EL Zucker**

Puderzucker

Eigelb, Zucker, Zitronensaft und -schale schaumig rühren. Das fein gewiegte Zitronat und Orangeat, die geriebenen Zwiebackscheiben, Zimt und den steifen Eischnee unterrühren. In eine gefettete Tortenform füllen und im vorgeheizten Backofen ca. 60 Minuten backen. Auf ein Gitter stürzen, den heißen mit dem Zucker gesüßten Weißwein darübergießen und die Torte mit Puderzucker bestäuben.

E.Herd 175–200 / G.Herd 2–3

Rübli-Torte (Gelbe-Rüben-Torte)

**260 g Zucker, 6 Eier
300 g rohe Karotten (Gelbe Rüben)
300 g geschälte, geriebene Mandeln
1–2 EL Kirschwasser oder Rum
40 g Mondamin
1/2 KL Zimt
abgeriebene Schale und Saft von 1 kleinen Zitrone**

**oder 1 Paket Backmischung
Haselnußkuchen
150 g Butter/Margarine
2 Eier, 50 ml Wasser (4 EL)
500 g rohe Karotten**

**Glasur:
125 g Puderzucker
2 EL Zitronensaft oder Arrak**

Zucker und Eigelb schaumig schlagen, die geschälten, roh geraspelten Karotten untermischen und ca. 3 Minuten mit dem elektrischen Handrührer mitrühren. Dann die Hälfte der Mandeln und die übrigen Zutaten zufügen. Die restlichen Mandeln unter den steifen Eischnee ziehen und leicht mit der Tortenmasse vermengen.
Oder den Teig nach Anweisung auf dem Paket cremig rühren. Die Karotten waschen, schälen, feinfädig raspeln – nicht reiben! – (ergibt 3 Tassen) und unter den Teig heben.
Den Teig in eine gut gefettete Springform (24 cm Durchmesser) einfüllen und glattstreichen. Im vorgeheizten Backofen ca. 70 Minuten backen.
Zuerst in der Form etwas abkühlen lassen, dann zum Auskühlen auf ein Kuchengitter legen.

E.Herd 175–200 / G.Herd 2–3

Den Puderzucker mit dem Zitronensaft oder Arrak glattrühren und mit einem breiten Messer auf die Oberfläche der Torte streichen.
Die Torte eventuell mit kleinen Marzipankarotten verzieren.

Weiße Mandeltorte

260 g geschälte, geriebene Mandeln
8 Eier
200 g Zucker
abgeriebene Schale und Saft von ½ Zitrone
2 EL Mondamin

Puderzucker oder Arrakglasur (Seite 180)

Die Hälfte der fein geriebenen Mandeln, Eigelb, Zucker, Zitronenschale und -saft schaumig rühren und das Mondamin zufügen. Die restlichen Mandeln mit dem steifen Eischnee mischen, locker unter die Tortenmasse ziehen und in eine gefettete Springform füllen. Die Torte im vorgeheizten Backofen ca. 60 Minuten backen, nach dem Erkalten mit Puderzucker bestäuben oder glasieren.

E.Herd 175–200 / G.Herd 2–3

Falsche Mandeltorte

450 g weiße Bohnen
4–5 Eigelb
250 g Zucker
Saft und abgeriebene Schale von ½ Zitrone
1 Röhrchen Mandelessenz
1 Päckchen Backpulver
4–5 Eiweiß
Zitronenglasur Seite 180
2 EL kleingehacktes Zitronat

Die Bohnen über Nacht einweichen und am nächsten Tag in frischem Wasser 30 Minuten kochen. Das Kochwasser abgießen und die Bohnen völlig abkühlen und trocknen lassen. Die Bohnen entweder in der Mandelmühle oder in der Küchenmaschine fein mahlen.
Die Eigelb mit Zucker schaumig rühren, Zitronensaft und Schale, Mandelessenz und Backpulver zugeben und zuletzt den steif geschlagenen Eischnee unterziehen. Die Schaummasse in eine gut gefettete Springform (Ø 26 cm) einfüllen und ca. 45 Minuten im vorgeheizten Backofen backen.

E.Herd 175–200 / G.Herd 2–3

Die Torte etwas abkühlen lassen, vorsichtig aus der Form lösen und auf einem Kuchengitter abkühlen lassen. Mit Zitronenglasur überziehen und mit Zitronat verzieren.

Linzer Torte

250 g Butter/Margarine
250 g Mehl, 2 Eier
250 g Zucker
250 g ungeschälte, geriebene Mandeln
2 KL Kirschwasser
1 Prise gemahlene Nelken
10 g Zimt
abgeriebene Schale von ½ Zitrone
1 EL Kakao

Himbeer- oder Erdbeermarmelade
1–2 Eigelb

Die kalte Butter mit dem gesiebten Mehl auf dem Backbrett fein verhacken. Die ganzen Eier und die übrigen Zutaten untermischen, den Hackteig rasch verkneten und 1 Stunde kalt stellen. Etwa ⅔ des Teiges in einer gefetteten Springform flach ausbreiten (28 cm Durchmesser) und mit Marmelade bestreichen. Den restlichen Teig mit etwas Mehl auswellen, davon einen 2 cm breiten Rand und mehrere 1 cm breite Streifen ausrädeln. Den Rand um die Teigplatte legen und die Streifen gitterförmig über die aufgestrichene Marmelade decken. Rand und Gitter mit verquirltem Eigelb überstreichen und die Torte im vorgeheizten Backofen in 35–45 Minuten hellbraun backen.

E.Herd 200–225 / G.Herd 3–4

Walnußtorte

280 g Zucker
9 Eigelb
280 g geschälte, geriebene Walnußkerne
½ Vanillestange
1 EL Zwiebackbrösel
1 KL Rum, 7 Eiweiß

Füllung:
¼ l Schlagsahne
1 EL Zucker, 1 EL Rum
2 EL geriebene Walnußkerne

Puderzucker

Zucker und Eigelb schaumig rühren, die geriebenen Nußkerne zufügen (2 Eßlöffel zur Füllung zurückbehalten), die Vanillestange fein wiegen, die Brösel mit Rum befeuchten und alles in den Teig rühren. Zuletzt die steifgeschlagenen Eiweiß darunterheben. Die Tortenmasse in einer gefetteten Tortenform (28–30 cm Durchmesser) ca. 60 Minuten backen und nach dem Erkalten einmal quer durchschneiden.

E.Herd 175–200 / G.Herd 2–3

Zur Füllung die steif geschlagene Sahne mit Zucker und Rum vermischen und die zurückbehaltenen Walnüsse zufügen. Die Torte mit der Creme füllen und die Oberfläche mit Puderzucker bestäuben.

Sachertorte (Original Wiener Rezept)

190 g Butter/Margarine
190 g Zucker
1 Päckchen Vanillinzucker
6 Eier
150 g Schokolade
3 EL Kakao
80 g Zwiebackbrösel
90 g Mehl/Mondamin
1 KL Backpulver

Aprikosenmarmelade

Schokoladenglasur S. 182
50 g Mandelblättchen

Die Butter leicht erwärmen, Zucker, Vanillinzucker und Eigelb zufügen und 30 Minuten von Hand oder 2 Minuten mit dem elektrischen Handrührgerät rühren. Die Schokolade reiben, mit 2 Eßlöffeln heißem Wasser aufweichen (darauf achten, daß es keine Klümpchen gibt) und löffelweise unter den Schaum mischen. Dann den Kakao, die Brösel, das Mehl und Backpulver abwechselnd zugeben und zuletzt den steifen Eischnee locker unterheben. Den Tortenteig in eine gefettete Springform füllen und ca. 40 Minuten backen. Evtl. die Form mit Pergamentpapier auslegen, das sofort nach dem Backen abgelöst wird.

Die Torte ein- oder zweimal quer durchschneiden und jeden Tortenboden mit Aprikosenmarmelade bestreichen, aufeinandersetzen und den Rand ebenfalls mit der Marmelade überziehen. Nach kurzem Antrocknen mit Schokoladenglasur bestreichen und mit Mandelblättchen verzieren. Schlagsahne dazu servieren.

E.Herd 175–200 / G.Herd 2–3

Sachertorte für Diabetiker (ca. 12 Stück je 7,5 BE)

50 g Fruchtzucker
4 Eier, getrennt
70 g Butter, 30 g Kakao
60 g geriebene Haselnußkerne
60 g geriebene süße Mandeln
Diabetikermarmelade
(Johannisbeer oder Himbeer)
Diabetikerschokolade zum
Bestreichen

Den Fruchtzucker und die Eigelb schaumig rühren. In einem anderen Gefäß die weiche Butter mit dem Kakao vermischen und ebenfalls schaumig rühren. Nun beide Schaummassen zusammengeben, die geriebenen Nüsse und Mandeln zugeben sowie den steif geschlagenen Eischnee. Eine Springform ausfetten und den Teig einfüllen. Mit einem Backspatel glattstreichen und im vorgeheizten Backofen ca. 30 Minuten backen.

E.Herd 175–200 / G.Herd 2–3

Die Torte nach dem Abkühlen einmal waagerecht durchschneiden und mit Diabetiker-Marmelade bestreichen. Die Böden wieder aufeinandersetzen und die Torte mit wenig im Wasserbad aufgelöster Diabetikerschokolade bestreichen.

Schokoladentorte

150 g Butter/Margarine
5 Eier, 300 g Zucker
250 g Mondamin
250 g Mehl, 60 g Kakao
¼ l Wasser
1 Päckchen Backpulver
Schokoladenglasur S. 182

Einen Rührteig nach Grundrezept herstellen. Den Teig in eine gut gefettete Springform füllen und glattstreichen. Im vorgeheizten Backofen 50–60 Minuten backen.
In der Form einige Minuten abkühlen lassen, dann zum Auskühlen auf ein Kuchengitter geben und mit Schokoladenglasur bestreichen.

E.Herd 175–200 / G.Herd 2–3

Die Schokoladentorte schmeckt noch besser, wenn sie nach dem Abkühlen quer geteilt und mit Schokoladencreme (Seite 175) oder Mokkacreme (Seite 174) gefüllt wird.

Geburtstagstorte

Schokoladentorte-Rezept
½ Menge
Schokoladencreme (Seite 175)
evtl. Schokoladenglasur
(Seite 182)
ca. 100 g Mandelplättchen
oder Marzipankerzen:
150 g Rohmarzipan
½ Eiweiß
200 g Puderzucker
Zitronat

Die Schokoladentorte nach Rezept in einer gefetteten Spring- oder Kranzform backen. Mit Schokoladencreme (evtl. aus der Packung) füllen. Mit Schokoladencreme oder Schokoladenglasur bestreichen und mit Mandelblättchen bestreuen.
Oder die Torte mit Marzipankerzen nach Anzahl der Lebensjahre oder Gästezahl verzieren. Dazu das Rohmarzipan auf dem Backbrett mit etwas Eiweiß und soviel Puderzucker verkneten, daß es sich zu einer etwa 3 cm dicken Rolle formen läßt. Von der Rolle in der gewünschten Anzahl Stücke abschneiden, zu kleinen Kerzen ausrollen und als Docht ein kleines Zitronatstiftchen einfügen.
Die Geburtstagstorte am besten einen Tag im voraus backen. Gut in Alufolie einpacken und über Nacht in den Kühlschrank legen, sie läßt sich dann besser aufschneiden.

Der Name des Geburtstagskindes oder die Zahl der Lebensjahre kann auch mit einer Spritzglasur (Seite 179) auf die Torte gespritzt werden.

E.Herd 175–200 / G.Herd 2–3

Haselnußtorte

8 Eier
200 g Zucker
Saft und abgeriebene Schale von ½ Zitrone
oder 1 Päckchen Vanillezucker
250 g geröstete, geschälte, geriebene Haselnußkerne
2 EL Mehl/Mondamin

Füllung:
¼ l süße Sahne
1 KL Zucker
150 g geriebene Haselnüsse

Die Eigelb mit Zucker schaumig rühren, Vanillinzucker oder Zitronenschale zugeben, die geriebenen Haselnüsse und Mehl zufügen und zuletzt den sehr steif geschlagenen Eischnee unterheben. In eine gut gefettete Springform (24 cm Durchmesser) einfüllen und glattstreichen. Im vorgeheizten Backofen 30–40 Minuten backen.
Die Torte auskühlen lassen und kurz vor dem Füllen einmal quer durchschneiden.
Für die Füllung die Sahne steif schlagen und den Zucker und die geriebenen Haselnüsse locker darunterziehen. Etwa ⅔ der Nuß-Sahne auf den unteren Tortenboden streichen, die andere Tortenhälfte daraufdecken. Mit der restlichen Nuß-Sahne die Oberfläche bespritzen oder einfach in die Mitte locker aufhäufen. Ein paar ganze Haselnüsse zum Verzieren obenauf setzen.
Die Haselnußtorte kann auch mit einer Backmischung Haselnußkuchen nach Anweisung auf dem Paket zubereitet werden.

E.Herd 175–200 / G.Herd 2–3

Kaffee-Sahne-Torte

Haselnußtortenteig

Füllung:
2 Becher süße Sahne
125 g Puderzucker
2 KL Nescafé
2 EL Kirschwasser
40 g geraspelte Schokolade
3 Blatt weiße Gelatine
12 kleine Mokkabohnen

Die Haselnußtorte nach Rezept zubereiten. Für die Sahne-Creme die Gelatine in kaltem Wasser einweichen und die Sahne steifschlagen. Den gesiebten Puderzucker nach und nach daruntergeben, dann Nescafé, Kirschwasser und Schokolade dazugeben. Zuletzt die ausgedrückte Gelatine in einem Eßlöffel kochendem Wasser auflösen und unter die Sahne rühren.

E. Herd 175–200 / G.Herd 2–3

Die ausgekühlte Torte einmal quer durchschneiden und mit der Sahne-Creme füllen. Einen kleinen Rest von der Creme zum Verzieren zurücklassen. Mit Sahne-Creme und Mokkabohnen verzieren und evtl. mit Puderzucker bestäuben.

Punschtorte

9 Eigelb
250 g Zucker
abgeriebene Schale und Saft
von 1 kleinen Zitrone
80 g Mondamin
80 g Mehl
6 Eiweiß

Punsch:
¼ l Weißwein
4 EL Zucker
1–2 EL Rum

Aprikosenmarmelade

Glasur:
125 g Puderzucker
2–3 EL Arrak
kandierte Früchte

Eigelb und Zucker ca. 3 Minuten mit dem elektrischen Handrührgerät rühren, Zitronenschale und -saft, löffelweise Mondamin und Mehl und zuletzt den steifen Eischnee locker daruntermischen. Die Schaummasse in eine gefettete Springform füllen, glattstreichen und im vorgeheizten Backofen 60–70 Minuten backen.
Die erkaltete Torte einmal quer durchschneiden. Weißwein, Zucker und Rum mischen und kurz erhitzen, einen Tortenboden mit der Hälfte tränken. Aprikosenmarmelade darüberstreichen, die zweite Tortenhälfte darüberdecken, mit dem restlichen Punsch beträufeln und antrocknen lassen. Mit Arrakglasur überziehen und mit kandierten Früchten verzieren.

E.Herd 175–200 / G.Herd 2–3

Frankfurter Kranz

200 g Butter/Margarine
200 g Zucker
1 Prise Salz
1 Päckchen Vanillinzucker
4 Eier, 200 g Mehl
200 g Mondamin
½ Päckchen Backpulver
ca. ⅛ l Milch, 2 EL Rum

Buttercreme:
250 g Butter/Margarine
150 g Puderzucker
2 Eigelb, 3 EL Rum
1 EL Öl, 150 g Zucker
Mandelsplitter

Einen Rührteig nach Grundrezept zubereiten, zuletzt den Rum dazugeben und den Teig in einer gefetteten Kranzkuchenform im vorgeheizten Backofen ca. 45–50 Minuten backen.
Die Zutaten zur Buttercreme schaumig rühren. Den erkalteten Kuchen zweimal flach durchschneiden und mit der Creme füllen, dann außen mit der Creme bestreichen und mit den in Öl und Zucker gerösteten Mandelsplittern bestreuen.
Der Frankfurter Kranz läßt sich auch aus einer Backmischung herstellen. Im Paket ist auch die Crememischung für die Füllung und der Haselnußkrokant zum Bestreuen enthalten.

E.Herd 175–200 / G.Herd 2–3

Malakoff-Torte

200–250 g Löffelbiskuits
Creme: 200 g Butter
200 g Puderzucker
250 g geriebene Mandeln
2 Eigelb, 1/3 l Milch
2–3 EL Rum

Schlagsahne
Maraschinokirschen
oder ganze Mandeln
oder Pistazien

Den Boden einer Springform mit Löffelbiskuits auslegen und den inneren Rand mit halbierten Löffelbiskuits umstellen. Die Zutaten für die Buttercreme kalt verrühren und 2/3 der Menge dick auf die Biskuits streichen. Mit einer zweiten Schicht Löffelbiskuits belegen und die restliche Creme darüberziehen. Über Nacht kaltstellen.

Kurz vor dem Servieren dick mit Schlagsahne überziehen und mit Maraschinokirschen oder ganzen geschälten Mandeln oder Pistazien garnieren.

Nußrolle

6 Eier, 125 g Zucker
60 g geröstete, geriebene
Haselnüsse
65 g geschälte, geriebene
Mandeln
50 g Mondamin
50 g Mehl

Creme:
2 Eier
180 g Zucker
1 Päckchen Vanillinzucker
150 g Butter/Margarine
150 g Schokolade

Schokoladenstreusel
Hohlhippen

5 Eigelb und 1 ganzes Ei mit dem Zucker schaumig rühren, die vorbereiteten Haselnüsse, Mandeln, Mondamin und das Mehl zugeben, zuletzt den steifen Eischnee unterziehen. Den Teig auf ein mit gefettetem Pergamentpapier ausgelegtes Backblech streichen und im vorgeheizten Backofen 12–15 Minuten backen.

Die gebackene Biskuitplatte sofort auf ein mit Zucker bestreutes Küchenhandtuch stürzen. Das Pergamentpapier gleich abziehen und den Biskuit mit dem Küchentuch sofort aufrollen. Abkühlen lassen, vorsichtig auseinanderrollen, mit der Creme füllen und von der breiten Seite her wieder aufrollen.

Für die Creme die verquirlten Eier mit Zucker und Vanillinzucker steif schlagen, die gerührte Butter, die erwärmte Schokolade zufügen und alles gut vermischen (1/3 der Creme zurückbehalten).

Die Biskuitrolle mit der zurückbehaltenen Creme überziehen und mit Schokoladenstreusel und Hohlhippen verzieren.

E.Herd 200–225 / G.Herd 3–4

Im Vordergrund: Blätterteig-Torte, Seite 104, dahinter: Ananas-Rouladen-Torte, Seite 95 ▶

Gleichgewichtstorte

7 Eier
210 g Zucker
210 g Butter/Margarine
210 g Mehl

Creme:
¼ l Milch
30 g Mondamin
125 g Zucker
2 KL Kakao
2 Eier
1 Päckchen Vanillinzucker
125 g geschälte, geriebene Mandeln
125 g Butter/Margarine
Schokoladenglasur (Seite 182)

geschälte, gehackte Mandeln od. kleingeschnittene Pistazien

Eigelb, Zucker und Butter ca. 2 Minuten mit dem elektrischen Handrührer schaumig rühren und zuletzt das gesiebte Mehl und den Eischnee untermischen. Aus dem Teig ca. 7 dünne Tortenböden backen. Für ein Tortelett ca. 2 Eßlöffel Biskuitmasse in einer gut gefetteten runden Kuchenform glattstreichen und im vorgeheizten Backofen 5–10 Minuten backen.
Zur Creme die Milch und das mit etwas kalter Milch angerührte Mondamin, Zucker, Kakao und die beiden Eigelb unter Quirlen dick kochen, bis zum Erkalten mit dem Schneebesen weiterschlagen, dann Vanillinzucker, die leicht angerösteten Mandeln, die schaumig geschlagene Butter und den steifen Eischnee daruntermischen. Die Biskuitboden mit der Creme bestreichen, aufeinandersetzen und die Oberfläche mit Schokoladenglasur überziehen. Noch feucht mit Mandeln oder Pistazien verzieren.

E.Herd 200–225 / G.Herd 3–4

Gold- und Silbertorte

180 g Butter/Margarine
6 Eigelb
500 g Zucker
je 135 g Mehl und Mondamin
3 EL Backpulver
¼ l Milch
abgeriebene Schale von 1 Zitrone
einige Tropfen Bittermandelöl
6 Eiweiß
Aprikosen- oder Orangenmarmelade
oder Buttercreme (Seite 174)
Arrakglasur (Seite 180)

Butter oder Margarine schaumig schlagen. Aus der Hälfte der Zutaten mit 6 Eigelb und Zitronenschale einen Teig rühren (ca. 2 Minuten mit dem elektrischen Handrührer), in eine gefettete Springform füllen und im vorgeheizten Backofen ca. 60 Minuten backen.
Inzwischen die andere Hälfte der Zutaten mit Bittermandelöl gut verrühren und zuletzt die steifgeschlagenen Eiweiß untermischen. In einer gefetteten Springform ebenfalls etwa 60 Minuten backen.
Die mit Eigelb gebackene »Goldtorte« nach dem Erkalten mit Marmelade oder Creme bestreichen und die »Silbertorte« nach dem Erkalten daraufsetzen. Mit Arrakglasur überziehen und eventuell mit Spritzglasur verzieren.

E.Herd 175–200 / G.Herd 2–3

Sachertorte, Seite 86,
◄ im Hintergrund: Linzer Torte, Seite 85

Biskuitigel mit Mokkacreme

4 Eiweiß
2 EL Arrak oder Rum
2 EL Wasser
200 g Zucker
4 Eigelb, 150 g Mehl
150 g Mondamin
1 KL Backpulver

oder 250 g Löffelbiskuit

Creme:
150 g Butter/Margarine
3 Eigelb
2 KL Nescafé
2 EL heißes Wasser
6 EL Puderzucker

50 g Mandelstifte
Schokoladenglasur

Die Biskuitmasse nach Grundrezept zubereiten und in eine große gefettete oder in zwei kleine Igelformen einfüllen, im vorgeheizten Backofen ca. 30–40 Minuten backen und nach dem Erkalten zweimal quer durchschneiden.

E.Herd 175–200 / G.Herd 2–3

Zur Creme unter die schaumig gerührte Butter Eigelb, Puderzucker und in heißem Wasser aufgelösten Nescafé mischen. Etwa $2/3$ der Creme zum Füllen des Igels verwenden. Die Lagen nach dem Bestreichen wieder aufeinandersetzen und den Igel rundum mit der restlichen Creme überziehen. Die Mandelstiftchen als Stacheln in die noch feuchte Oberfläche eindrücken.
Oder die Löffelbiskuits mit der Creme bestreichen, übereinander schichten und mit den Mandelstiften spicken.
Wer den Igel besonders echt machen möchte, kann Rosinen oder kleine Mandelstückchen als Augen und ganze Mandeln als Füßchen und Ohren einfügen und das Schnäuzchen mit Kakao bestreuen. Den fertigen Igel kühl aufbewahren.

Biskuitrolle

6 Eiweiß, 6 EL kaltes Wasser
150 g Zucker
Saft und abgeriebene Schale von ½ Zitrone, 6 Eigelb
80 g Mehl, 70 g Mondamin
1 KL Backpulver
1 Glas Himbeermarmelade
Puderzucker

Die Biskuitmasse nach dem Grundrezept schlagen und fingerdick auf ein mit Pergamentpapier ausgelegtes Backblech streichen. Im vorgeheizten Backofen 10–12 Minuten backen. Die gebackene Biskuitplatte sofort auf ein mit Zucker bestreutes Küchenhandtuch stürzen. Das Pergamentpapier gleich abziehen und die warme Biskuitplatte mit der Marmelade bestreichen, von der breiten Seite her aufrollen und mit Puderzucker bestreuen.

Die Biskuitrolle kann auch mit Vanille- oder Schokoladencreme (S. 175) oder Tortencreme aus dem Paket gefüllt werden. Dazu muß die Roulade etwas abkühlen: Die gebackene Biskuitplatte auf das mit Zucker bestreute Küchentuch stürzen, das Backpapier gleich abziehen und den Biskuit mit dem Küchentuch sofort aufrollen. Abkühlen lassen, vorsichtig auseinanderrollen, mit der Creme füllen und wieder aufrollen.

E.Herd 200–225 / G.Herd 3–4

Ananas-Rouladen-Torte

Biskuit-Grundrezept
Zum Tränken der Tortenböden:
⅛ l Weißwein
2 EL Puderzucker
1 EL Rum
4 EL Ananassaft
1 KL Maraschino
Biskuitroulade:
Biskuit-Grundrezept
halbe Menge
Aprikosenmarmelade
Ananasringe aus 500 g Dose
Creme:
3 Eigelb
70 g Puderzucker
⅛ l Apfelsaft
Ananassaft (Rest)
3 Blatt weiße und
1 Blatt rote Gelatine
3 kleinwürfelig geschnittene
Ananasscheiben
⅛ l steif geschlagene Sahne
Zum Verzieren:
⅛ l Schlagsahne
Ananasdreiecke.

Den Tortenboden und die Biskuitrolle einen Tag vor der Verwendung nach Grundrezept backen. Den Tortenboden zweimal quer durchschneiden und mit der Weinmischung tränken, über Nacht kühl stellen.

E.Herd 175–200 / G.Herd 2–3

Den Biskuit für die Roulade etwa ½ cm dick auf ein Blech streichen, rasch backen (ca. 8 Minuten), auf ein mit Zucker bestreutes Küchentuch stürzen und mit Marmelade bestreichen. Sofort aufrollen – Durchmesser ca. 6 cm. Die Roulade in Alufolie einwickeln und kühl stellen. Am anderen Tag in ca. ½ cm dicke Scheiben schneiden.

Eigelb mit Zucker, Apfel- und Ananassaft verrühren, die kalt eingeweichte, ausgedrückte Gelatine zugeben und das Saftgemisch zum Kochen bringen. Durch ein Sieb gießen und kaltrühren. Kurz vor dem Erstarren die Ananaswürfelchen und die sehr steif geschlagene Sahne (haltbarer mit san-Apart) unterziehen.

Die drei getränkten Tortenböden aufeinander setzen, die Creme kuppelförmig daraufschichten und für kurze Zeit (bis zum völligen Festwerden) in den Kühlschrank stellen. Dann mit den Rouladenscheiben dicht belegen, die steif geschlagene Sahne am Rand aufspritzen und mit den Ananasdreiecken verzieren.

Orangencremetorte

6 Eiweiß, 4 EL Wasser
240 g Zucker
abgeriebene Schale und Saft
von ½ Zitrone
oder 1 Päckchen Vanillinzucker
6 Eigelb, 140 g Mehl
140 g Mondamin
1 KL Backpulver
Creme:
¼ l Weißwein
15 g (1 EL) Mondamin
3 Eier, 90 g Zucker
Saft von 1½ Orangen
1 KL Zitronensaft

Orangenglasur (Seite 180)
12 Orangenschnitze

Die Biskuitmasse nach Grundrezept zubereiten, in eine gefettete Tortenform (28 cm Durchmesser) füllen, glattstreichen und im vorgeheizten Backofen 30–35 Minuten backen.
Den ausgekühlten Biskuit ein- oder zweimal quer durchschneiden.
Zur Creme Wein und Mondamin glattrühren, 2 Eigelb, 1 ganzes Ei, Zucker, Orangen- und Zitronensaft zufügen und bei geringer Wärmezufuhr unter stetem Schlagen einmal aufkochen. Dann in einer Schüssel kalt rühren und den steifen Eischnee aus den restlichen Eiweiß unterziehen. Die Torte mit der Orangenglasur überziehen. Die geschälten Orangenschnitze gleichmäßig auf der Torte verteilen.

E.Herd 175–200 / G.Herd 2–3

Käse-Sahnetorte

Biskuit-Grundrezept
200 ml Milch
125 g Zucker, 3 Eigelb
8 Blatt weiße Gelatine
500 g Quark
abgeriebene Schale
von 1 Zitrone
1 Päckchen Vanillinzucker
½ l Schlagsahne

Den nach Grundrezept in einer Springform gebackenen Biskuitboden so durchschneiden, daß man einen fingerdicken und einen etwas dünneren Boden erhält. Den dickeren Boden mit dem gefetteten Springformring umstellen. Milch und Zucker aufkochen lassen und mit dem Schneebesen die Eigelb unterschlagen. Die eingeweichte, abgetropfte Gelatine in die heiße Eiermilch geben und gut verrühren. Den durchpassierten Quark, geriebene Zitronenschale und Vanillinzucker zufügen und alles kräftig durchschlagen. Wenn die Quarkmasse abgekühlt ist, ¾ der steif geschlagenen Sahne unterheben und alles sofort in den Ring bis zum oberen Rand füllen. Den dünnen Biskuitboden obenauf legen und die Torte 1–2 Stunden in den Kühlschrank stellen.
Nun mit einem Messer vorsichtig zwischen Springformring und Torte entlangfahren und den Ring lösen. Mit der restlichen Sahne die Tortenoberfläche und den Rand bestreichen.

E.Herd 200–225 / G.Herd 3–4

Elisabethentorte

180 g Butter/Margarine
150 g Zucker
5–6 EL Sauermilch
500 g Mehl
1 Päckchen Backpulver
etwas abgeriebene Zitronenschale

Erste Creme:
1/2 l Milch
50 g Mondamin, 1 Ei
30 g Butter/Margarine
80 g Zucker
1/2 Päckchen Vanillinzucker

Zweite Creme:
1/2 l Milch
50 g Mondamin, 1 Ei
1 EL Kakao
100 g Zucker
einige Tropfen Mandelöl
30 g Butter/Margarine

Johannis- oder Himbeermarmelade

Die Butter schaumig rühren und Zucker, Sauermilch oder Wasser und die Zitronenschale zufügen. Das mit Backpulver vermischte Mehl dazugeben und den Teig auf dem Backbrett verkneten. Vier 1 cm hohe Tortenböden auswellen und nacheinander in einer gefetteten Tortenform im vorgeheizten Backofen ca. 20 Minuten backen.

E.Herd 200–225 / G.Herd 3–4

Zu den beiden Cremes das Mondamin mit der Milch verquirlen, Eigelb und die übrigen Zutaten untermischen, unter Rühren einmal aufkochen und nach dem Erkalten den steifen Eischnee unterziehen.

Den ersten ausgekühlten Tortenboden mit der Vanillecreme, den zweiten mit Marmelade und den dritten mit der Schokoladencreme bestreichen. Die Böden aufeinandersetzen, den vierten Tortenboden obenauf legen und evtl. aus restlicher zurückbehaltener Creme ein Gitter aufspritzen oder mit Puderzucker bestäuben.

Fächertorte

100 g Butter/Margarine
2–3 Eier
160 g Zucker, 250 g Mehl
250 g Mondamin
1 Päckchen Backpulver
ca. ¼ l Milch
30 g Kakao

Creme:
¼ l süße Sahne
¼ l Milch
40 g Zucker
1 Päckchen Vanillinzucker
1 Ei, 40 g Mondamin
⅛ l Schlagsahne

150 g Mandelblättchen
Himbeergelee
Puderzucker
ca. 100 g gestiftelte Pistazien oder Zitronat
Schokoladenkrümel oder geriebene Schokolade
Mandeln oder Haselnüsse oder Mokkabohnen

Butter, Eigelb und Zucker rühren, nach und nach Mondamin, Mehl, Backpulver und die Milch zufügen. Unter die Hälfte der Teigmenge den Kakao mischen, den steifen Eischnee (auf beide Teighälften gleichmäßig verteilt) unterziehen. In einer gut gefetteten Springform im vorgeheizten Backofen nacheinander 3 helle und 3 dunkle Tortenböden je 8–10 Minuten backen und auf einem Gitter erkalten lassen.

Zur Creme Sahne, Milch, Zucker, Vanillinzucker, das verquirlte Ei aufkochen und das mit etwas kalter Milch verrührte Mondamin zufügen. Die Creme unter stetigem Schlagen dick kochen, nach dem Erkalten die Schlagsahne leicht darunterziehen und 5 Tortenböden damit bestreichen. Abwechselnd die hellen und dunklen Tortenböden aufeinandersetzen, den Tortenrand mit der restlichen Creme bestreichen und mit den Mandelblättchen bestreuen. Den letzten Boden in 12 gleichgroße Stücke schneiden, 8 Stücke mit Himbeergelee überziehen und von diesen 4 Stücke mit Pistazien oder Zitronat und 4 mit Schokoladenkrümeln bestreuen. Die restlichen 4 Stücke mit Puderzucker bestäuben. Die 12 Stücke in bunter Reihenfolge fächerförmig, abgestützt auf Mandeln, Haselnüsse oder Mokkabohnen auf die Torte legen.

E.Herd 200–225 / G.Herd 3–4

Prinzregententorte

8 Eiweiß
6 EL Wasser
250 g Zucker
8 Eigelb
125 g Mondamin
125 g Mehl

Die Biskuitmasse nach Grundrezept zubereiten und aus dem Teig ca. 8 dünne Tortenböden backen. Für 1 Tortelett ca. 2 Eßlöffel Biskuitmasse in einer gut gefetteten runden Kuchenform glattstreichen und im vorgeheizten Backofen 5–10 Minuten backen. Die Torteletts heiß aus der Form lösen und auf einem Gitter abkühlen lassen.

Creme:
250 g Zucker
$^1/_{10}$ l Wasser
500 g Schokolade
180 g Butter/Margarine

Schokoladenglasur (Seite 182)
Spritzglasur (Seite 179)

Zur Creme den Zucker mit dem Wasser zum dicken Faden kochen, die geriebene Schokolade kurz mitkochen, kaltrühren und löffelweise unter die schaumig geschlagene Butter mischen.
Die Tortenböden mit der Creme bestreichen und aufeinanderschichten. Die Oberfläche bleibt unbestrichen und wird mit etwas Mehl bestäubt. Die Torte in Pergamentpapier oder Alufolie einwickeln und über Nacht stehen lassen. Am anderen Tag die Schokoladenglasur mit einem breiten Messer auf die Torte streichen und die Zuckerglasur aufspritzen (vgl. Glasur, Seite 14).

E.Herd 200–225 / G.Herd 3–4

Ostertorte

**Biskuit-Grundrezept
oder 1 Paket Backmischung
Biskuit
(mit 3 Eiern und 50 ml Wasser)
Himbeer- oder Aprikosen-
marmelade
⅛ l Schlagsahne
40 g Zucker
½ Päckchen Vanillezucker**

**Glasur (Seite 180), mit 1 KL
Heidelbeersaft gefärbt**

**100 g Schokoladenstreusel
50 g Zitronat, Zuckereier
ca. 20 Marzipaneier
ca. 12 Osterhäschen (Rezept Seite 173)
Zuckerglasur (Seite 182)**

Den Biskuit nach Grundrezept oder nach Anleitung auf der Packung zubereiten, in einer mit Pergamentpapier ausgelegten Springform (28 cm Durchmesser) im vorgeheizten Backofen 30–35 Minuten backen.

E.Herd 175–200 / G.Herd 2–3

Die erkaltete Torte quer durchschneiden. Den Boden mit Marmelade bestreichen und die steif geschlagene, mit Zucker und Vanillinzucker vermischte Sahne darüberziehen. Den anderen Tortenboden darüber decken, etwas andrücken und die Torte (auch den Rand) mit Marmelade bestreichen. Die Glasur mit Heidelbeersaft rosa färben, die Torte damit glasieren, an den Rand (solange die Glasur noch feucht ist) Schokoladenstreusel werfen. In die Mitte der Torte ein Nest von gestifteltem Zitronat mit bunten Zuckereiern setzen und ringsum die gebackenen, doppelt zusammengesetzten Osterhäschen aufstellen. Zwischen die Häschen kleine Nestchen mit weißer Zuckerglasur aufspritzen und je ein Marzipan- oder Zuckerei hineinlegen.

Schwarzwälder Kirschtorte

4 Eiweiß, 4 EL Wasser
250 g Zucker
4 Eigelb
125 g Mondamin
125 g Mehl
1 KL Backpulver
50 g Kakao

750 g entsteinte Sauerkirschen
3 EL Kirschwasser
2 EL Zucker
½ l Schlagsahne
4 Blatt weiße Gelatine
50 g Schokoladenkrümel
oder Borkenschokolade

Die Biskuitmasse nach Grundrezept zubereiten, auf ein mit gefettetem Pergamentpapier ausgelegtes Kuchenblech streichen und im vorgeheizten Backofen ca. 45 Minuten backen. Nach dem Backen sofort auf ein Tuch stürzen und das Pergamentpapier abziehen.

Die erkaltete Torte zweimal quer durchschneiden. Den untersten Tortenboden mit dem Kirschwasser beträufeln und mit den gut abgetropften, eingezuckerten Sauerkirschen belegen. Den zweiten Tortenboden darüberdecken, etwas andrücken und die mit Gelatine gebundene Sahne darauf verteilen (etwas Sahne zurückbehalten). Mit der dritten Tortenplatte abdecken, die restliche Sahne darüberziehen, die Schokolade aufstreuen und die Torte kalt stellen.

E.Herd 175–200 / G.Herd 2–3

Holländische Schokoladentorte

180 g Butter
180 g Zucker
8 Eigelb
120 g flüssige, halbbittere
Schokolade
1 KL Zimt
Saft und abgeriebene Schale
von ½ Zitrone
250 g geschälte, geriebene
Mandeln
8 Eischnee
Creme:
³/₈ l Milch
80 g Zucker
3 Eigelb
50 g Kakao
45 g Butter
Schokoladenglasur Seite 182

Die leicht erwärmte Butter mit Zucker und Eigelb schaumig rühren (von Hand 30 Minuten, Handrührer 2 Minuten). Die flüssige Schokolade (mit 2 EL heißem Wasser flüssig rühren) löffelweise zugeben. Dann die übrigen Zutaten, zuletzt den steif geschlagenen Eischnee untermischen. Die Masse in einer mit Backpapier (auch die Wände) ausgelegten Springform (⌀ 26 cm) in ca. 40 Minuten backen.

E.Herd 175–200 / G.Herd 2–3

Nach dem Backen die Torte auf ein Kuchengitter stürzen und erkalten lassen.
Für die Creme alle Zutaten im Wasserbad solange schlagen, bis sie dickflüssig ist.
Die Torte zweimal quer durchschneiden, die Böden mit der Creme bestreichen, aufeinander setzen und die Torte glasieren.

Schachtorte

8 Eigelb, 1 Ei
250 g Zucker
50 g geschälte, geriebene
Mandeln (2-3 bittere)
80 g Butter
120 g Mehl, 60 g Speisestärke
8 Eiweiß
Buttercreme Seite 174
Hägenmark oder andere
Marmelade
Schokoladenbuttercreme
Seite 174
Mandelstückchen oder
Pistazien zum Bestreuen

Die Eigelb mit dem ganzen Ei und dem Zucker schaumig rühren. Die geriebenen Mandeln, die lauwarm zerlassene Butter zurühren, Mehl und Speisestärke zugeben und zuletzt die steif geschlagenen Eiweiß darunterheben. Die Masse in eine gut gefettete Springform (⌀ ca. 26 cm) oder eine gut gefettete quadratische Form (ca. 28 x 31 cm) füllen und im vorgeheizten Backofen ca. 45 bis 60 Minuten goldgelb backen.

E.Herd 200–225 / G.Herd 3–4

Nach dem Backen den Biskuitboden auf ein Tuch stürzen und vollständig abkühlen lassen. Vier gleich dicke Platten schneiden und die erste Platte mit Buttercreme, die zweite mit Hägenmark oder einer anderen nicht zu süßen Marmelade bestreichen. Die dritte Platte mit Schokoladenbuttercreme überziehen und alle Platten aufeinandersetzen. Die ganze Torte dünn mit Buttercreme bestreichen und gleich große Quadrate aufzeichnen. Abwechselnd ein Quadrat mit Buttercreme, das nächste mit Schokoladenbuttercreme mit Hilfe der Sterntülle ausspritzen. Den Rand mit gehackten Mandeln oder gehackten Pistazien bestreuen.

Holländer Kirschtorte

175 g Mehl
100 g Butter/Margarine
1 EL Zucker, 1 Eigelb
1 Prise Salz, 1 KL Rum
evtl. $^1/_{10}$ l Sahne oder Weißwein
oder
1 Paket Tiefgefrierblätterteig
Vanillecreme (Seite 175)
500 g entsteinte Sauerkirschen
$^3/_8$ l Schlagsahne

Den nach Grundrezept oder Anleitung auf der Packung zubereiteten Blätterteig so dünn auswellen, daß 4 Tortenböden ausgeschnitten werden können. Die Böden einzeln backen und erkalten lassen.
Die Vanillecreme kurz vor dem Steifwerden auf zwei Böden aufstreichen, den dritten Boden mit Kirschen dicht belegen, eine dicke Schicht Schlagsahne darüberdecken und zwischen die ersten beiden Böden setzen. Den vierten Boden obenauf geben, die Oberfläche und Seiten mit Schlagsahne oder Creme überziehen, mit Kirschen und restlicher Sahne verzieren.

E.Herd 225–250 / G.Herd 4–5

Makronentorte

**Mürbteig-Grundrezept
von 200 g Mehl
Makronenmasse:
500 g geschälte, geriebene
Mandeln (darunter einige
bittere Mandeln)
500 g Zucker
Saft und abgeriebene Schale
von 1 Zitrone
8 Eiweiß
Zum Füllen:
Himbeergelee oder bittere
Orangenmarmelade**

Einen Mürbteig nach Grundrezept am Tag zuvor zubereiten und über Nacht kalt stellen. Die Mandeln überbrühen, schälen und über Nacht trocknen lassen.
Am nächsten Tag den Mürbteig dünn auswellen, eine Springform damit auslegen (⌀ 26 cm) und den Boden durch Einstechen mit einer Gabel lockern. Den Tortenboden in ca. 15–20 Minuten halb fertig backen.

E.Herd 200–225 / G.Herd 3–4

Die gemahlenen Mandeln mit Zucker, Zitronensaft und -schale, sowie 2 Eiweiß bei sehr geringer Hitzezufuhr solange rühren, bis die Masse lauwarm ist. Abkühlen lassen, dann nach und nach die restlichen steif geschlagenen Eiweiß unterziehen. Zwei Drittel der Masse auf den Tortenboden streichen, im Backofen in ca. 15 Minuten gelb überbacken und herausnehmen.

E.Herd 175 / G.Herd 2

Den restlichen Mandelschaum in einen Spritzsack füllen und mit der Sterntülle ein Gitter aufspritzen. Die Torte bei starker Oberhitze (oder unter dem Grill) kurz überbacken.

Makronen-Obst-Torte

**Mürbteigboden, wie oben
Makronenmasse, halbe Menge
frische Erd- oder Himbeeren,
oder anderes frisches Obst
Vanille-Sahnecreme Seite 175**

Den Mürbteigboden backen wie oben. Die Makronenmasse zubereiten und mit einer glatten Tülle schneckenförmig auf den Mürbteigboden spritzen. Gelb überbacken und den Tortenboden völlig abkühlen lassen. Die frischen Früchte vorbereiten (waschen, zerkleinern) und die Creme zubereiten. Den Tortenboden auf eine Platte legen, dünn mit Creme bestreichen und mit Früchten belegen. Die übrige Creme darauf verteilen und mit einigen Früchten garnieren.

Blätterteig – Brandteig – Strudel

Blätterteig-Grundrezept

250 g Mehl
250 g Butter
1 Prise Salz
je 3 EL Wasser und Weißwein

Alle Zutaten sollen frisch und kühl sein. 100 g Mehl und 200 g Butter (in kleinen Stücken) zusammenkneten, zu einem viereckigen Teigstück auswellen und kaltstellen. In die Mitte des übrigen Mehls eine Vertiefung drücken, den Rest der Butter, Salz, Wasser und Wein hineingeben, den Teig gut kneten und gleichfalls zu einem Rechteck auswellen. In die Mitte das zuerst zubereitete Teigstück (Butterstück) geben, den zweiten Teig darüber schlagen und wieder auswellen, diesmal zu einem länglichen Rechteck. Dieses wiederum zur Mitte hin einschlagen und dann nochmals zusammenfalten, so daß der Teig vierfach übereinanderliegt. ½ Stunde kaltstellen. Dann erneut auswellen (nur ganz leicht, ohne zu drücken), übereinanderschlagen, kaltstellen. Diesen Vorgang mehrmals wiederholen, je nachdem, wie fein und blättrig man den Teig wünscht.

Blätterteig eignet sich für vielerlei Kleingebäck. Sie können sich die Arbeit wesentlich vereinfachen und auch unverhofften Besuch in kurzer Zeit mit duftendem Gebäck aus dem eigenen Backofen überraschen, wenn Sie fertigen Blätterteig aus der Tiefkühltruhe verwenden. Das ist heutzutage keine »Hausfrauenschande« mehr – im Gegenteil: Erfindungsgeist und Wendigkeit einer Hausfrau kommen in dem zum Ausdruck, was sie aus dem vorgefertigten Tiefkühl-Blätterteig zu zaubern versteht.

Blätterteigtorte

Blätterteig-Grundrezept Seite 103 oder 1 Packung Tiefgefrierblätterteig
eingemachte Sauerkirschen oder frische Birnen, ca. 4 Stück
¼ l Rotwein
Vanille-Sahnecreme Seite 175
1 Becher Schlagsahne
1 KL Cognac
2 KL San-apart

Den Blätterteig dünn auswellen (Tiefgefrierblätterteig ca. 10 Minuten antauen lassen) und mit dem Rand einer Springform (Ø 26 cm) 4 Böden ausstechen.
Die Springform mit Backpapier auslegen, einen Boden hineinlegen, ein paarmal mit einer Gabel einstechen und im vorgeheizten Backofen auf der mittleren Schiene ca. 10 bis 15 Minuten backen.

E.Herd 200–225 / G.Herd 3–4

Den Boden auf einem Kuchengitter auskühlen lassen – mit den übrigen Böden ebenso verfahren. Die Sauerkirschen sehr gut abtropfen lassen, frische Birnen schälen und in Rotwein nicht zu weich dünsten. Abkühlen lassen und in dünne Spalten schneiden. Die Vanille-Sahnecreme zubereiten, die Sahne mit etwas Cognac und San-apart steif schlagen. Den ersten Boden in eine Springform legen, Vanille-Sahnecreme daraufstreichen, mit dem zweiten Boden bedecken, darauf dünn Schlagsahne verteilen, den dritten Boden auflegen, Vanillecreme aufstreichen und den vierten Boden als Deckel auflegen. Die Torte für eine Stunde in der Form leicht anfrieren lassen. Die Springform lösen und die Torte mit Sahne und sternförmig gelegten Birnenspalten dekorieren.
Bei Sauerkirschen werden abwechselnd eine Lage Vanille-Sahnecreme und Sauerkirschen zwischen die Böden verteilt.

Quarkblätterteig

250 g Mehl
250 g trockener Quark
250 g Butter/Margarine
1 Prise Salz oder
1 Päckchen Vanillinzucker

Das Mehl auf ein Backbrett sieben, in eine Vertiefung in der Mitte den durchpassierten Quark geben, Fett in kleinen Stücken und zuletzt Salz oder Vanillinzucker (je nachdem, ob es sich um pikantes oder süßes Gebäck handelt) zufügen. Alles zu einem glatten Teig kneten, ½ Stunde kaltstellen. Dann den Teig zu einem Rechteck auswellen, von zwei Seiten her übereinanderschlagen und wieder auswellen. Diesen Vorgang etwa dreimal wiederholen, noch einmal kaltstellen, dann verwenden wie echten Blätterteig

Kaiserkragen

**Blätterteig-Grundrezept (S. 103)
oder Quarkblätterteig (S. 104)
oder 1 Packung Tiefgefrierblätterteig
Konfitüre oder Marzipan
evtl. etwas Weinbrand**

**50–65 g Puderzucker
1–2 EL Wasser**

Den Blätterteig nach Grundrezept herstellen oder den Tiefgefrierblätterteig nach Anweisung auftauen lassen und die Teigstücke halbieren. Die Konfitüre oder das Marzipan eventuell mit etwas Weinbrand verrühren und in die Mitte jedes Teigstückes einen Kaffeelöffel davon geben. Die Ränder befeuchten und den Teig längs zusammenklappen. Den Rand zusammendrücken und jeweils auf der verschlossenen Seite fünfmal einschneiden. Mehrmals mit einem Hölzchen einstechen und 15 Minuten auf einem kalt abgespülten Blech stehen lassen. Dann im vorgeheizten Backofen 20–25 Minuten backen.
Den Puderzucker mit Wasser verrühren und die warmen Kaiserkragen damit glasieren.

E.Herd 225–250 / G.Herd 4–5

Schweinsöhrchen

**Blätterteig-Grundrezept (S. 103)
oder Quarkblätterteig (S. 104)
oder 1 Paket Tiefgefrier-
blätterteig
Sandzucker**

Den nach Grundrezept oder nach Anleitung auf der Packung zubereiteten Blätterteig auf Sandzucker zu einem Rechteck auswellen (ca. 10 cm breit und 20 cm lang). Zucker daraufstreuen, von beiden Seiten zur Mitte aufrollen. Dadurch entstehen zwei Rollen im Durchmesser von ca. 4 cm. Beide Rollen aufeinanderlegen und davon 1 cm breite Scheiben abschneiden. Ein wenig flach drücken, dick mit Sandzucker bestreuen und im vorgeheizten Backofen 15–20 Minuten bakken.

E.Herd 225–250 / G.Herd 4–5

Schuhsohlen

Den Blätterteig ½ cm dick auswellen und runde Plätzchen ausstechen. In Zucker wenden, oval auswellen und mit Mandelblättchen bestreuen. Backen wie Schweinsöhrchen.

Blätterteig-Brezeln

**Blätterteig-Grundrezept (S. 103)
oder Quarkblätterteig (S. 104)
oder 1 Packung Tiefgefrierblätterteig
Hagelzucker**

Den Blätterteig nach Grundrezept zubereiten oder den Tiefgefrierblätterteig nach Anweisung auftauen lassen, ausrollen und in Streifen von ca. 40 cm Länge schneiden. Alle Streifen mehrmals mit einem Hölzchen einstechen und mit Wasser bepinseln. Hagelzucker darüberstreuen und diesen etwas andrücken. Die Streifen direkt auf dem kalt abgespülten Blech zu Brezeln formen und 15 Minuten stehen lassen. Im vorgeheizten Backofen 10–12 Minuten backen.

E.Herd 225–250 / G.Herd 4–5

Schillerlocken

**Blätterteig-Grundrezept (S.103)
oder 1 Paket Tiefgefrier-
blätterteig
1–2 Eigelb
Hagelzucker
Schlagsahne**

Vom ausgewellten Blätterteig ca. 40 cm lange, 2–3 cm breite Streifen abrädeln und in Spiralen, von der Spitze aus beginnend, über Blechförmchen (im Handel sind Schillerlockenformen erhältlich) wickeln. Rundum mit Eigelb bestreichen, Hagelzucker daraufstreuen und liegend auf einem mehlbestäubten Backblech im vorgeheizten Backofen ca. 15 Minuten backen. Noch warm von der Form ablösen und nach dem Erkalten mit Schlagsahne füllen.

E.Herd 225–250 / G.Herd 4–5

Cremeschnitten

**Blätterteig-Grundrezept (S. 103)
oder Quarkblätterteig (S. 104)
oder 1 Paket Tiefgefrier-
blätterteig
Vanillecreme (Seite 179)
Zitronenglasur (Seite 180)**

Den nach Grundrezept oder Anleitung auf der Packung zubereiteten Blätterteig sehr dünn auswellen, davon ca. 12–15 cm breite Streifen schneiden und im vorgeheizten Backofen ca. 15 Minuten backen.
Die Hälfte der Streifen dick mit der Vanillecreme bestreichen.

Die anderen Teigstreifen mit der Zitronenglasur überstreichen. Dann die Streifen mit einem scharfen Messer in gleichmäßige ca. 4 cm breite Stücke schneiden (das Messer dabei jedesmal in heißes Wasser tauchen) und jeweils eine glasierte Schnitte über eine mit Creme gefüllte Schnitte decken.

E.Herd 225–250 / G.Herd 4–5

Mandelkrapfen (ca. 20 Stück)

Blätterteig-Grundrezept (S. 103) oder Quarkblätterteig (S. 104) oder 1 Paket Tiefgefrierblätterteig
125 g Hagelzucker

Füllung:
125 g ungeschälte, geriebene Mandeln
100 g Zucker
1 EL Zwiebackbrösel
1 KL Vanillinzucker
1–2 EL Sahne oder Dosenmilch
50 g Rosinen

1–2 Eier

Den Blätterteig zubereiten und möglichst dünn zu einem großen Rechteck auswellen. Dann der Länge nach aufrollen und in ca. 20 schmale Scheiben schneiden. Die Scheiben auf Hagelzucker zu runden Böden auswellen und jeweils einen Kaffeelöffel von der gut vermischten Füllung daraufsetzen. Die Krapfen zur Hälfte überklappen, die Ränder mit Eiweiß verkleben und gut andrücken, die Oberflächen mit Eigelb bestreichen und im vorgeheizten Backofen 15–20 Minuten backen.

E.Herd 225–250 / G.Herd 4–5

Brandteig (Brühteig)

¼ l Wasser
50 g Butter/Margarine
1 Prise Salz
150 g Mehl
4–5 Eier

Wasser mit Butter oder Margarine und Salz zum Kochen bringen. Dann das Mehl auf einmal zugeben und so lange mit dem elektrischen Handrührer rühren, bis sich alles als Kloß vom Boden des Topfes löst. Den heißen Teig in eine Schüssel geben und sofort mit einem Ei verrühren. Abkühlen lassen und ein Ei nach dem anderen dazurühren.
Der Teig darf nicht zu dünn werden, er soll glatt und glänzend sein und am Löffel hängen bleiben. Gegebenenfalls ein Ei weniger verwenden.

Windbeutel

¹/₄ l Wasser
50 g Butter/Margarine
1 Prise Salz
150 g Mehl
4–5 Eier

Den Brandteig nach obigem Grundrezept zubereiten. Mit Hilfe von zwei Kaffeelöffeln walnußgroße Teighäufchen formen und auf ein gefettetes, mit Mehl bestäubtes Backblech setzen. Im vorgeheizten Backofen 30–40 Minuten backen. Daß die Windbeutel fertig gebacken sind, erkennt man, ohne den Backofen zu öffnen, am Kuchenduft des sich bräunenden Mehles.

E.Herd 200–225 / G.Herd 3–4

Süße Füllung

Die einfachste Art ist Schlagsahne. Darunter können Sauerkirschen, Himbeeren, Erdbeeren oder Aprikosenmarmelade gefüllt werden. Alle Arten von Vanille-, Schokoladen- oder Mokkacreme eigenen sich dazu. An heißen Tagen ist Eiscreme eine begehrte Füllung.
Eine aparte Variation ist eine Füllung mit Maronencreme oder -püree aus der Dose, mit Zucker abgeschmeckt und mit Schlagsahne angereichert.
Die gefüllten Windbeutel werden mit Puderzucker bestäubt und kalt serviert.

Pikante Füllung

Siehe Kapitel »Pikantes Gebäck«, Seite 188

Eclairs

Brandteig (Seite 107)
Vanillecreme (Seite 175)
oder Mokkacreme (Seite 94)
Mokkaglasur (Seite 181)

Den Brandteig nach Grundrezept zubereiten. Mit dem Spritzbeutel auf ein gefettetes, mit Mehl bestäubtes Backblech zwei etwa fingerlange Teigstreifen dicht nebeneinandersetzen und einen dritten Streifen daraufspritzen. Im vorgeheizten Backofen 30–40 Minuten backen.
Die gebackenen Eclairs erkaltet quer durchschneiden, mit Vanille- oder Mokkacreme füllen und glasieren.

E.Herd 200–225 / G.Herd 3–4

Apfelstrudel nach Wiener Art

300 g Mehl
ca. 1 Tasse lauwarmes Wasser
1 Prise Salz
evtl. 1 Ei
3 EL Öl
30 g Butter oder Dosenmilch
2–3 EL Semmelbrösel

Füllung:
1 kg mürbe Äpfel
100 g Zucker
100 g Mandelstifte
150 g Sultaninen
60 g Butter/Margarine
1 Prise Zimt

30 g Butter zum Bestreichen
Puderzucker

Das gesiebte Mehl auf ein Backbrett geben, Wasser in eine Vertiefung in der Mitte rühren und von außen her nach und nach mit Salz, Ei und Öl zu einem Teig verarbeiten. So lange kneten, bis er zart und glatt ist und sich von den Händen löst. Oder alle Zutaten in eine Rührschüssel geben und mit dem Knethaken des elektrischen Handrührgerätes oder der Küchenmaschine gut verkneten, bis sich der Teig vom Schüsselrand löst.

Mit lauwarmem Wasser bestreichen und eine halbe Stunde unter einer erwärmten Schüssel ruhen lassen, damit der Teig geschmeidig bleibt. Auf einem mit Mehl bestäubten Tuch hauchdünn ausziehen (dicke Ränder eventuell abschneiden), mit Dosenmilch oder flüssiger Butter bestreichen und mit Bröseln bestreuen.

Die Äpfel schälen, in feine Blättchen schneiden und einzukkern. Mit Mandeln und Sultaninen gut vermischen und auf dem Strudelteig gleichmäßig verteilen. Den Strudel mit Hilfe des Tuches aufrollen und auf einem gefetteten Backblech in ca. 60 Minuten backen.

Noch heiß mit Butter bestreichen und mit Puderzucker bestäuben.

E.Herd 200–225 / G.Herd 3–4

Apfelstrudel (3 kleine Strudel)

250 g Mehl
2 Eier
1 EL weiche Butter
1 Prise Salz
1 EL saure Sahne
ca. 30 g Mehl zum Einarbeiten

Füllung:
1 kg säuerliche Äpfel
evtl. 2 EL Zucker
1 Tütchen gehackte Nüsse, 40 g
½ KL gemahlene Orangenschale
2 EL Cognac oder Rum
4 EL saure Sahne
2 EL Quark

Zum Bestreichen:
80 g zerlassene Butter

Zum Begießen:
2 Eier, 1 KL Zucker
⅛ l Milch
3 EL süße oder saure Sahne

Aus Mehl, Eiern, Butter, Salz und Sahne auf dem Backbrett einen Teig zubereiten, in den nach und nach noch die 30 g Mehl eingearbeitet werden, da der Teig sehr zäh ist. Den Teig mit einem feuchten Tuch bedecken und, während die Füllung zubereitet wird, ruhen lassen. Die Äpfel in feine Scheiben schneiden. Falls gewünscht, leicht zuckern und mit den Nüssen und Geschmackszutaten vermischen. Den Teig in drei Portionen teilen, jeden Teil über die Handballen dünn ausziehen, oder mit Mehlhilfe sehr dünn auswellen. Mit wenig Butter bestreichen und die Füllung gleichmäßig verteilen. Die Strudel eng aufrollen und nebeneinander in eine gut gefettete feuerfeste Form (Jenaer Glas oder Pyrex) setzen. Mit der restlichen zerlassenen Butter bestreichen und im vorgeheizten Backofen auf der zweiten Einschubleiste von unten ca. 60–70 Minuten backen. Während der Backzeit die Eiermilch, in drei Portionen verteilt, darübergießen.

E.Herd 200 / G.Herd 3

Dann Oberhitze oder Grill einschalten und die Strudel noch 10–15 Minuten bräunen. Die Strudel warm mit leicht geschlagener Sahne servieren.

Kaffee- und Teegebäck*

Prinzeß-Törtchen

Alufolie (45 cm breit)
150 g Butter/Margarine
1 Päckchen Vanillinzucker
abgeriebene Schale von
1 Orange
175 g Zucker
3 Eier, 125 g Mehl
125 g Mondamin
1/2 KL Backpulver
1 Messerspitze Zimt
1 Messerspitze Kardamom
1 Prise weißer Pfeffer

1 EL Rum
Glasur:
200 g Puderzucker
3 EL Wasser
kandierte Kirschen

Die Alufolie für die Förmchen in 7,5 cm breite Streifen schneiden, diese in Quadrate teilen und die Quadrate über einen Flaschenhals stülpen, formen und auf ein ungefettetes Backblech setzen.

Aus den angegebenen Zutaten einen Rührteig nach dem Grundrezept herstellen. Mit Hilfe zweier Kaffeelöffel (evtl. Spritzbeutel mit weiter Tülle) den Teig in die Förmchen füllen, so daß diese etwa 3/4 voll sind. Im vorgeheizten Backofen 15–20 Minuten backen.

Für die Glasur den Puderzucker mit Wasser verrühren und die Törtchen damit überziehen. Kandierte Kirschen als Verzierung darauf setzen.

E.Herd 175–200 / G.Herd 2–3

* Weitere Rezepte für Kaffee- und Teegebäck finden Sie in den Kapiteln »Hefegebäck« (Seite 36 f), »Blätterteig und Brandteig« (Seite 104 f).

Obsttörtchen

Alufolie (45 cm breit)
175 g Butter/Margarine
1 Päckchen Vanillinzucker
175 g Zucker, 3 Eier
150 g Mondamin
75 g Mehl
½ KL Backpulver
400–500 g vorbereitetes, frisches oder tiefgefrorenes Obst (Kirschen, Äpfel, Rhabarber, Johannisbeeren usw.)

Glasur:
300 g Puderzucker
5–6 EL Obstsaft oder Rum

Die Alufolie für die Förmchen in 11 cm breite Streifen schneiden, diese in Quadrate teilen, über ein Wasserglas stülpen und formen. Einen Rührteig nach Grundrezept zubereiten. Das Obst in die Förmchen füllen, 2 Kaffeelöffel Teig darübergeben und die Förmchen auf dem Rost oder Backblech im vorgeheizten Backofen ca. 30–35 Minuten backen.
Den Puderzucker mit dem Obstsaft oder Rum verrühren und über die erkalteten Törtchen ziehen. Oder nur Puderzucker über die Törtchen stäuben.

E.Herd 175–200 / G.Herd 2–3

Nußwürfel

3 Eiweiß, 3 EL Wasser
150 g Zucker
1 Päckchen Vanillinzucker
3 Eigelb, 60 g Mehl
60 g Mondamin
1 KL Backpulver

Füllung:
45 g Mondamin
½ l Milch
20 g Schokolade
100 g Zucker
1 Päckchen Vanillinzucker
150 g Butter/Margarine
100 g geröstete, gemahlene Mandeln

Puderzucker
Haselnußkerne

Die Biskuitmasse nach Grundrezept zubereiten, auf ein mit gefettetem Pergamentpapier ausgelegtes Backblech streichen und im vorgeheizten Backofen 12–15 Minuten backen. Nach dem Backen sofort auf ein Tuch stürzen und das Pergamentpapier abziehen.
Für die Füllung Mondamin, Milch, Schokolade, Zucker und Vanillinzucker zu einem Flammeri kochen und unter öfterem Umrühren erkalten lassen. Die Butter oder Margarine schaumig rühren, löffelweise den erkalteten Flammeri und die Mandeln daruntermischen.
Die Biskuitplatte in 3 gleichgroße Stücke schneiden, 2 Streifen mit der Füllung bestreichen, aufeinandersetzen und den dritten Streifen darauflegen. Das Gebäck kühl stellen und in Würfel schneiden. Mit Puderzucker bestäuben, mit etwas zurückbehaltener Füllung und den Haselnußkernen verzieren.
Der Biskuit kann auch aus einer Backmischung nach Anweisung auf dem Paket gebacken werden.

E.Herd 200–225 / G.Herd 3–4

Biskuit-Obsttörtchen

4 Eiweiß
etwas Wasser
125 g Zucker
abgeriebene Schale und
Saft von 1 Orange
4 Eigelb, 50 g Mehl
50 g Mondamin
oder 1 Paket Backmischung
Biskuit (mit 3 Eiern und
50 ml Wasser)
3 Orangen oder 4 Mandarinen
3–4 Bananen
oder 3–4 Scheiben Ananas

Die Biskuitmasse nach Grundrezept oder Anweisung auf dem Paket schlagen und fingerdick auf ein mit Pergamentpapier ausgelegtes Backblech streichen. Im vorgeheizten Backofen 10–12 Minuten backen.
Aus der Biskuitplatte kleine Quadrate oder runde Formen ausstechen oder schneiden. Mit Orangen- oder Mandarinenspalten, Bananenscheiben oder Ananasscheiben belegen. Die Orangen- oder Mandarinentörtchen evtl. mit Zucker bestreuen. Mit Schlagsahne verzieren.
Die Törtchen können auch mit einem Tortenguß überzogen werden.

E.Herd 200–225 / G.Herd 3–4

Weitere Obsttörtchen

siehe Kapitel »Obstkuchen und Obsttorten«, Seite 58.

Nußtörtchen

3 Eier
60 g Zucker
70 g Mehl
1 KL Backpulver

Füllung:
100 g Haselnüsse
100 g Butter/Margarine
50 g Puderzucker
1 Ei
100 g Sandzucker
1 Päckchen Vanillinzucker

Mokkaglasur (Seite 181)

Die Biskuitmasse nach Grundrezept zubereiten, auf ein mit gefettetem Pergamentpapier ausgelegtes Backblech streichen und im vorgeheizten Backofen 12–15 Minuten backen. Nach dem Backen sofort auf ein Tuch stürzen und das Pergamentpapier abziehen.
Für die Füllung die Haselnüsse rösten, schälen, 12 Kerne zum Verzieren zurückbehalten und die übrigen fein reiben. Die Butter oder Margarine erwärmen und mit dem Puderzucker schaumig rühren. Das Ei mit dem Sand- und Vanillinzucker im Wasserbad steif quirlen und bis zum Erkalten schlagen. Alles mit den geriebenen Haselnüssen vermischen. Den Biskuitboden in zwei gleichgroße Stücke schneiden, einen Streifen mit der Füllung bestreichen und den zweiten Streifen darüberlegen. 12 gleichgroße Törtchen daraus schneiden, mit der Glasur überziehen. Je eine Haselnuß in die Mitte setzen.
Vor dem Glasieren die Törtchen mit einer glatten Marmelade überstreichen, damit die Glasur nicht einsickert.

E.Herd 200–225 / G.Herd 3–4

Erdbeertaschen

3 Eiweiß, 3 EL Wasser
150 g Zucker
1 Päckchen Vanillinzucker
3 Eigelb, 60 g Mehl
60 g Mondamin
1 KL Backpulver

250 g tiefgefrorene oder frische Erdbeeren
50 g Zucker
6 Blatt weiße Gelatine
1/8 l steifgeschlagene Sahne
Puderzucker

Die Biskuitmasse nach Grundrezept zubereiten, auf ein mit gefettetem Pergamentpapier ausgelegtes Backblech streichen und im vorgeheizten Backofen 12–15 Minuten backen. Nach dem Backen sofort auf ein Tuch stürzen und das Pergamentpapier abziehen. Die Biskuitplatte mit dem Tuch aufrollen und auskühlen lassen.
Die Erdbeeren für die Füllung pürieren. Die Gelatine einweichen, ausdrücken und auflösen, mit dem Zucker zu den Erdbeeren geben und gut verrühren. Wenn das Erdbeerpüree zu gelieren anfängt, die Schlagsahne darunterziehen und noch ca. 15 Minuten kühlstellen. Aus der zurückgerollten Biskuitplatte Quadrate von 15 × 15 cm schneiden, je 1 Eßlöffel der Füllung daraufgeben und so zusammenklappen, daß ein Dreieck entsteht. Mit Puderzucker bestäuben.
Der Biskuit kann auch aus einer Backmischung nach Anweisung auf dem Paket gebacken werden.

E.Herd 200–225 / G.Herd 3–4

Schokoladenröllchen

3 Eiweiß, 3 EL Wasser
150 g Zucker
1 Päckchen Vanillinzucker
3 Eigelb, 60 g Mehl
60 g Mondamin
1 KL Backpulver

200 g Schokolade
1/4 l Sahne
Puderzucker

Die Biskuitmasse nach Grundrezept zubereiten, auf ein mit gefettetem Pergamentpapier ausgelegtes Backblech streichen und im vorgeheizten Backofen 12–15 Minuten backen. Nach dem Backen sofort auf ein Tuch stürzen und das Pergamentpapier abziehen. Die Biskuitplatte mit dem Tuch aufrollen und auskühlen lassen.
Die Schokolade in Stücke brechen, die Sahne mit der Schokolade bei geringer Wärmezufuhr unter Rühren zum Kochen bringen und unter öfterem Umrühren erkalten lassen. Die Schokoladenmasse auf die zurückgerollte Biskuitplatte streichen. Die Platte halbieren und beide Hälften in ca. 4 cm breite Streifen schneiden. Die Streifen aufrollen und mit Puderzucker bestäuben.
Der Biskuit kann auch aus einer Backmischung nach Anweisung auf dem Paket gebacken werden.

E.Herd 200–225 / G.Herd 3–4

Petit fours

Alufolie (45 cm breit)
4 Eiweiß
175 g Zucker
abgeriebene Schale von
1 Orange
4 Eigelb, 75 g Mehl
100 g Mondamin
1½ KL Backpulver
250 g geschälte, gemahlene Mandeln
1 EL Rum
5 EL Orangensaft

Glasur:
250 g Puderzucker
3–4 EL Wasser oder
3–4 EL Rum oder Fruchtsaft
evtl. Nescafé oder Kakao
kandierte Früchte, Pistazien oder Mandeln

Die Alufolie für die Förmchen in 11 cm breite Streifen schneiden, diese in Quadrate teilen, über ein Wasserglas stülpen und formen. Die Biskuitmasse nach Grundrezept zubereiten, zuletzt die vorbereiteten Mandeln darunterheben, dann den Rum und Orangensaft kurz unter die Masse ziehen.

Die Biskuitmasse mit einem Kaffeelöffel in die Förmchen füllen und auf einem Backblech im vorgeheizten Backofen 10–15 Minuten backen.

Nach dem Backen die Törtchen erkalten lassen, mit Zuckerglasur, Rum-, Fruchtsaft-, Kaffee- oder Kakaoglasur überziehen. Mit kandierten Früchten, abgezogenen Pistazien oder Mandeln verzieren oder eine andersfarbige Glasur daraufspritzen oder tupfen.

E.Herd 200–225 / G.Herd 3–4

Mohrenköpfe

4 Eier, 125 g Zucker
abgeriebene Schale von
½ Zitrone
60 g Mondamin
65 g Mehl

100 g Puderzucker
Schokoladenglasur (Seite 182)
½ l Schlagsahne

Steifen Eischnee nach und nach mit Zucker, Eigelb und Zitronenschale mischen, zuletzt das Mehl unterziehen. Ein Backblech mit Pergamentpapier auslegen, den Teig in den Spritzsack füllen, mit der glatten Tülle nicht zu kleine Häufchen aufspritzen und mit Puderzucker bestäuben. Im vorgeheizten Backofen ca. 20 Minuten backen und abkühlen lassen.

Die Hälfte der Mohrenköpfe mit Schokoladenglasur überziehen und zum Trocknen warm stellen. Die andere Hälfte mit Schlagsahne bestreichen und die glasierten Köpfchen daraufsetzen.

Im Handel sind auch kleine Mohrenkopfförmchen erhältlich, die mit der Biskuitmasse gefüllt werden können.

E.Herd 175–200 / G.Herd 2–3

Cremetörtchen oder -schiffchen

125 g Mehl, 60 g Zucker
1–2 Eigelb
70 g Butter/Margarine

Creme:
¼ l Milch, 2–3 Eigelb
10 g Mondamin
abgeriebene Schale von
½ Zitrone
20 g geschälte, geriebene Mandeln
1–2 EL Schlagsahne

Aprikosenmarmelade
Glasur: (Seite 180)
50 g Mandelstifte

Einen Mürbteig nach Grundrezept zubereiten und gefettete Törtchen- oder Schiffchenformen damit auslegen. Die Creme mit den Zutaten bei mäßiger Hitzezufuhr glattrühren, nach dem Erkalten die Schlagsahne daruntermischen, in die Förmchen einfüllen und im vorgeheizten Backofen ca. 25 Minuten backen.
Die Oberfläche nach dem Abkühlen mit heißer Marmelade bestreichen, die Zitronenglasur darüberziehen und mit Mandelstiften bestreuen.

E.Herd 200–225 / G.Herd 3–4

Sarah-Bernhardt-Törtchen

500 g geschälte, geriebene Mandeln
500 g Zucker
Saft und abgeriebene Schale von 1 Zitrone
7 Eiweiß

Schokoladenbuttercreme (Seite 174)
ca. 150 g Kuvertüre

In einer heißen Pfanne die Mandeln, Zucker, Zitronensaft und -schale sowie 2 Eiweiß bei mäßiger Wärmezufuhr so lange rühren, bis die Masse lauwarm ist und sich zusammenballt. Nach völligem Erkalten den steifen Schnee der restlichen Eiweiß nach und nach untermischen. Auf ein gefettetes Backblech flache Häufchen von der Makronenmasse setzen und ca. 20 Minuten backen. Nach dem Erkalten die Törtchen umdrehen auf die Unterseite einen Kegel aus Creme setzen (die Creme muß relativ fest sein). Zuletzt mit flüssiger Kuvertüre übergießen und trocknen lassen.

E.Herd 150–175 / G.Herd 1–2

Havannatörtchen

60 g Haselnüsse
125 g Zucker
½ Päckchen Vanillinzucker
40 g Mondamin
4 Eiweiß

Mokkacreme (Seite 174)
ca. 100 g Hohlhippen

Die ungeschält geriebenen Haselnüsse mit Zucker, Vanillinzucker und Mondamin vermischen und den steifen Eischnee leicht unterziehen. Die Masse in den Spritzsack füllen, mit der glatten Tülle kleine Böden auf ein gefettetes Backblech spritzen (4–5 cm Durchmesser) und im vorgeheizten Backofen ca. 25 Minuten backen. Sofort vom Blech lösen, mit der Mokkacreme bestreichen und je 2 Böden aufeinandersetzen. Die Oberseite und den Rand mit der Creme überziehen und mit halbierten Hohlhippen verzieren.

E.Herd 175–200 / G.Herd 2–3

Meringen

4 Eiweiß
250 g Zucker
Schlagsahne oder Eis

Unter die sehr steif geschlagenen Eiweiß die halbe Zuckermenge unter weiterem Schlagen mischen, den restlichen Zucker leicht darunterrühren. Ein Backblech kalt abspülen, mit Zucker bestreuen, mit zwei Eßlöffeln eiförmige Häufchen aufsetzen oder mit dem Spritzsack auf das Blech spritzen und 10–15 Minuten mehr trocknen als backen.

E.Herd 100–150 / G.Herd 1–2

Dann sorgsam ablösen, mit einem Löffelstiel das weiche Innere entfernen oder mit einem befeuchteten Teelöffel eindrücken. Die Meringen auf ein Gitter legen und die Innenseite gut trocknen lassen. Kurz vor dem Servieren je eine Meringenschale mit Schlagsahne oder Speiseeis füllen und eine zweite daraufsetzen.

Meringentörtchen

5 Eiweiß
250 g Zucker

Füllung:
frische Beeren, eingedünstete Kirschen, Ananaswürfelchen, Mandarinen- oder Orangenschnitze
¼ l Schlagsahne

Die Eiweißmasse wie für Meringen zubereiten. Einen Spritzsack damit füllen, durch die Sterntülle auf ein kalt abgespültes Backblech größere, etwas flache Sterne und die gleiche Anzahl kleine Sternchen spritzen. In 10–15 Minuten fast farblos backen und sofort vom Blech lösen. Auf einem Gitter erkalten lassen und die größeren Törtchen mit Früchten belegen, mit Schlagsahne verzieren und die kleinen Meringensternchen obenauf setzen.

E.Herd 100–150 / G.Herd 1–2

Florentiner

¼ l Sahne oder Dosenmilch
50 g Butter/Margarine
200 g Zucker
200 g geschälte Mandeln
200 g Zitronat
50 g Mehl

Schokoladenglasur (S. 182) oder 200 g Schokoladen-Fettglasur

Die Sahne oder Dosenmilch mit Butter und Zucker unter Rühren aufkochen und völlig erkalten lassen. Die Mandeln und das Zitronat in feine Blättchen schneiden und zufügen. Das gesiebte Mehl rasch unterziehen und auf ein gefettetes, mit Mehl bestäubtes Backblech runde, flachgestrichene Küchlein setzen. Im vorgeheizten Backofen 20–25 Minuten backen und sofort vom Blech lösen.
Die Unterseite zweimal in Schokoladenguß oder aufgelöste Schokoladen-Fettglasur tauchen und noch feucht durch leichtes Durchziehen mit einer Gabel verzieren.

E.Herd 175–200 / G.Herd 2–3

Teebrezeln

90 g Butter/Margarine
2 Eigelb, 1 Ei
125 g Zucker
125 g Mehl

1–2 Eiweiß
Hagelzucker

Die Butter schaumig rühren, Eier, Zucker und Mehl zufügen, dann auf dem Backbrett verkneten, eine Rolle daraus formen, gleichmäßige Stückchen davon abschneiden, zu dünnen Streifen rollen und Brezelchen daraus schlingen. Mit dem geschlagenen Eiweiß bestreichen, in Hagelzucker wenden und im vorgeheizten Backofen ca. 20 Minuten knusprig backen.

E.Herd 200–225 / G.Herd 3–4

Teekränzchen

Eigelb von 2 hartgekochten Eiern
3 Eigelb
abgeriebene Schale von
$1/2$ Zitrone
150 g Zucker
1 Prise Salz
500 g Mehl
250 g Butter/Margarine

2–3 Eiweiß
1 Tasse Hagelzucker
evtl. 1 EL Kakao
Zuckerlösung aus 150 g Zucker und $1/8$ l Wasser

Die hartgekochten Eigelb durch ein Sieb drücken, die rohen Eigelb, Zitronenschale, Zucker und Salz zufügen und alles gut verrühren. Mehl auf einem Backbrett aufhäufen, die Butter oder Margarine in kleine Stückchen schneiden und leicht darunterhacken. Die Eigelbmasse zufügen und alles zu einem glatten Teig verarbeiten. Eine Rolle daraus formen, gleichmäßige Scheiben davon schneiden und aus dünnen Streifen ineinandergeschlungene Kränzchen flechten. Mit Eiweiß bestreichen, in Hagelzucker tauchen und im vorgeheizten Backofen ca. 20 Minuten hell backen.
Oder unter die Hälfte des Teiges einen Eßlöffel Kakao mischen, aus beiden Teigsorten dünne Streifen rollen, jeweils einen hellen und einen dunklen ineinanderschlingen und kleine Kränzchen formen. Nach dem Backen und Erkalten mit der Zuckerlösung überstreichen.

E.Herd 175–200 / G.Herd 2–3

Margareten-Schnitten

250 g Mehl
1 KL Backpulver
125 g Zucker
1 Päckchen Vanillinzucker
1 Ei, 1 EL Milch
100 g Butter/Margarine
125 g Sultaninen
125 g Haselnüsse

Glasur:
1 EL (20 g) Kakao
100 g Puderzucker
2 EL heißes Wasser
2 EL Palmin/Biskin

Mehl und Backpulver auf das Backbrett sieben, in die Mitte eine Vertiefung eindrücken und mit Zucker, Vanillinzucker, Ei, Milch, Butter und den vorbereiteten Sultaninen einen Mürbteig zubereiten. Eine dicke Rolle formen und 1 Stunde kalt stellen. Inzwischen die Haselnüsse schälen und halbieren. Dann von der Teigrolle gleichmäßige, 1 cm dicke Scheiben abschneiden und die Haselnußhälften mit der Schnittseite nach oben dicht nebeneinander in die Oberfläche eindrücken. Die Schnitten auf ein gefettetes Backblech setzen und im vorgeheizten Backofen ca. 25 Minuten hell backen.
Zur Glasur den Kakao mit dem gesiebten Puderzucker und dem heißen Wasser glattrühren, das flüssige, aber nicht mehr heiße Palmin zufügen und den Rand der noch heißen Schnitten etwa 1 cm breit damit bestreichen oder ringsum in die Glasur eintauchen.

E.Herd 175–200 / G.Herd 2–3

Mandelschnitten

6 Eier
350 g Zucker
375 g ungeschälte Mandeln
50 g fein gewiegtes Zitronat
30 g fein gewiegtes Orangeat
je 1 Prise Zimt und Nelken
abgeriebene Schale von
½ Zitrone
500 g Mehl
große Backoblaten
Zuckerglasur (Seite 182)

Die Eier und den Zucker ca. 3 Minuten mit dem elektrischen Handrührgerät rühren, die würfelig geschnittenen Mandeln, Zitronat und Orangeat sowie die anderen Zutaten daruntermischen. Die Masse auf ein mit Oblaten belegtes Backblech 1 cm dick aufstreichen, im vorgeheizten Backofen ca. 25 Minuten hellbraun backen und noch warm in kleine Vierecke oder Rechtecke schneiden und glasieren.

E.Herd 175–200 / G.Herd 2–3

Punschschnitten

5–6 Eier
250 g Butter/Margarine
250 g Zucker
250 g Mehl
abgeriebene Schale von
½ Zitrone

¼ l Weißwein
4 EL Zucker
1–2 EL Rum oder Arrak
Aprikosenmarmelade

Glasur:
250 g Puderzucker
Saft von ½ Zitrone
2 EL Arrak oder Rum

Die ganzen Eier über Wasserdampf quirlen, die Butter schaumig rühren und abwechselnd mit Zucker, Mehl, der Zitronenschale und den verquirlten Eiern vermischen. Die Masse auf ein mit gefettetem Pergamentpapier ausgelegtes Backblech streichen und im vorgeheizten Backofen ca. 15 Minuten backen.
Nach dem Backen sofort auf ein Tuch stürzen und das Pergamentpapier abziehen.
Den Weißwein mit Zucker erhitzen, Rum oder Arrak zufügen und den Biskuit damit tränken. Die Hälfte der Teigplatte mit Marmelade bestreichen, die andere Hälfte darüberdecken und schmale Schnitten daraus schneiden. Die Schnitten ganz in die Arrak-Glasur eintauchen und auf einem Gitter abtrocknen lassen.
Aus dem Biskuit können auch Halbmonde, Dreiecke oder Würfel ausgestochen werden.

E.Herd 200–225 / G.Herd 3–4

Schokoladenschnitten

6 Eigelb
90 g Zucker
60 g geschälte, geriebene Mandeln
50 g geriebene Schokolade
20 g Mondamin
4 Eiweiß
30 g Butter/Margarine

Aprikosenmarmelade

Schokoladenglasur (Seite 182)

Eigelb und Zucker schaumig quirlen, die Mandeln, Schokolade und das Mondamin mitrühren. Zuletzt den steifen Eischnee und die zerlassene Butter leicht daruntermischen. Die Masse in ein gefettetes Backblech ca. 1 cm hoch einfüllen und im vorgeheizten Backofen ca. 20 Minuten backen.

E.Herd 200–225 / G.Herd 3–4

Sofort vom Blech lösen, eine Hälfte mit Aprikosenmarmelade bestreichen, die andere Hälfte darüberdecken, mit der Schokoladenglasur überziehen und in gleichmäßige Schnitten teilen.

Schokoladenwürfel

1 Ei, 5 Eigelb
210 g Zucker
100 g geschälte, geriebene Mandeln
70 g Schokolade
6 Eiweiß
40 g Mondamin
40 g Zwiebackbrösel
1 EL Rum
50 g Butter/Margarine
Schokoladenglasur (Seite 182)

Das ganze Ei mit den 5 Eigelb und dem Zucker schaumig rühren. Dann die geriebenen Mandeln und die erwärmte Schokolade zugeben. Den steifen Schnee von 6 Eiweiß, das Mondamin, die mit Rum befeuchteten Zwiebackbrösel und die zerlassene Butter leicht untermischen. Die Masse in eine gefettete Kapselform etwa ⅔ hoch einfüllen und im vorgeheizten Backofen ca. 20 Minuten backen.
Nach dem Erkalten in Würfel schneiden und mit der Schokoladenglasur überziehen.

E.Herd 200–225 / G.Herd 3–4

Hufeisen

125 g Butter/Margarine
1 Ei
1 Eigelb
30 g Zucker
1 EL Sahne
150 g Mehl
½ KL Backpulver
etwas abgeriebene Zitronenschale
1 Prise Salz

Marmelade
1 Eiweiß
50 g Hagelzucker
50 g geschälte, gehackte Mandeln

Die Butter mit dem Ei, Eigelb und Zucker schaumig rühren, die anderen Zutaten daruntermischen, zuletzt das Backpulver zufügen und den Teig kalt stellen. Dann ca. ½ cm dick auf einem Backbrett auswellen und davon 20 cm lange und 10 cm breite Streifen ausrädeln. Die Streifen mit Marmelade bestreichen und der Länge nach aufrollen. Die Rollen nebeneinander in Hufeisenform auf ein gefettetes Backblech legen, mit verquirltem Eiweiß bestreichen, Hagelzucker und Mandeln daraufstreuen und im vorgeheizten Backofen ca. 20 Minuten backen.

E.Herd 175–200 / G.Herd 2–3

Schokoladenwürfel

1 Ei, 5 Eigelb
210 g Zucker
100 g geschälte, geriebene Mandeln
70 g Schokolade
6 Eiweiß
40 g Mondamin
40 g Zwiebackbrösel
1 EL Rum
50 g Butter/Margarine
Schokoladenglasur (Seite 182)

Das ganze Ei mit den 5 Eigelb und dem Zucker schaumig rühren. Dann die geriebenen Mandeln und die erwärmte Schokolade zugeben. Den steifen Schnee von 6 Eiweiß, das Mondamin, die mit Rum befeuchteten Zwiebackbrösel und die zerlassene Butter leicht untermischen. Die Masse in eine gefettete Kapselform etwa $2/3$ hoch einfüllen und im vorgeheizten Backofen ca. 20 Minuten backen.
Nach dem Erkalten in Würfel schneiden und mit der Schokoladenglasur überziehen.

E.Herd 200 225 / G.Herd 3–4

Hufeisen

125 g Butter/Margarine
1 Ei
1 Eigelb
30 g Zucker
1 EL Sahne
150 g Mehl
$1/2$ KL Backpulver
etwas abgeriebene Zitronenschale
1 Prise Salz

Marmelade
1 Eiweiß
50 g Hagelzucker
50 g geschälte, gehackte Mandeln

Die Butter mit dem Ei, Eigelb und Zucker schaumig rühren, die anderen Zutaten daruntermischen, zuletzt das Backpulver zufügen und den Teig kalt stellen. Dann ca. $1/2$ cm dick auf einem Backbrett auswellen und davon 20 cm lange und 10 cm breite Streifen ausrädeln. Die Streifen mit Marmelade bestreichen und der Länge nach aufrollen. Die Rollen nebeneinander in Hufeisenform auf ein gefettetes Backblech legen, mit verquirltem Eiweiß bestreichen, Hagelzucker und Mandeln daraufstreuen und im vorgeheizten Backofen ca. 20 Minuten backen.

E.Herd 175–200 / G.Herd 2–3

Punschschnitten

5–6 Eier
250 g Butter/Margarine
250 g Zucker
250 g Mehl
abgeriebene Schale von
½ Zitrone

¼ l Weißwein
4 EL Zucker
1–2 EL Rum oder Arrak
Aprikosenmarmelade

Glasur:
250 g Puderzucker
Saft von ½ Zitrone
2 EL Arrak oder Rum

Die ganzen Eier über Wasserdampf quirlen, die Butter schaumig rühren und abwechselnd mit Zucker, Mehl, der Zitronenschale und den verquirlten Eiern vermischen. Die Masse auf ein mit gefettetem Pergamentpapier ausgelegtes Backblech streichen und im vorgeheizten Backofen ca. 15 Minuten backen.
Nach dem Backen sofort auf ein Tuch stürzen und das Pergamentpapier abziehen.
Den Weißwein mit Zucker erhitzen, Rum oder Arrak zufügen und den Biskuit damit tränken. Die Hälfte der Teigplatte mit Marmelade bestreichen, die andere Hälfte darüberdecken und schmale Schnitten daraus schneiden. Die Schnitten ganz in die Arrak-Glasur eintauchen und auf einem Gitter abtrocknen lassen.
Aus dem Biskuit können auch Halbmonde, Dreiecke oder Würfel ausgestochen werden.

E.Herd 200–225 / G.Herd 3–4

Schokoladenschnitten

6 Eigelb
90 g Zucker
60 g geschälte, geriebene
Mandeln
50 g geriebene Schokolade
20 g Mondamin
4 Eiweiß
30 g Butter/Margarine

Aprikosenmarmelade

Schokoladenglasur (Seite 182)

Eigelb und Zucker schaumig quirlen, die Mandeln, Schokolade und das Mondamin mitrühren. Zuletzt den steifen Eischnee und die zerlassene Butter leicht daruntermischen. Die Masse in ein gefettetes Backblech ca. 1 cm hoch einfüllen und im vorgeheizten Backofen ca. 20 Minuten backen.

E.Herd 200–225 / G.Herd 3–4

Sofort vom Blech lösen, eine Hälfte mit Aprikosenmarmelade bestreichen, die andere Hälfte darüberdecken, mit der Schokoladenglasur überziehen und in gleichmäßige Schnitten teilen.

Kaffee- und Teegebäck

Madeleines

(ca. 20 Stück)

4 Eier
125 g Zucker
abgeriebene Schale von
¼ Zitrone
60 g Butter/Margarine
½ EL Rum
50 g Mondamin
50 g Mehl

Puderzucker
oder Zitronenglasur (Seite 180)

Die ganzen Eier mit Zucker und Zitronenschale über Wasserdampf schaumig schlagen, dann die erwärmte Butter, den Rum, Mondamin und Mehl leicht unterziehen. Die Madeleine-Förmchen mit Butter bestreichen, mit Mehl bestäuben, den Teig ⅔ hoch einfüllen und glattstreichen. Im vorgeheizten Backofen ca. 20 Minuten hellbraun backen und dann stürzen. Noch heiß mit Puderzucker bestreuen oder glasieren.

E.Herd 175–200 / G.Herd 2–3

Löffelbiskuits

4 große Eier
125 g Zucker
abgeriebene Schale von
½ Zitrone
60 g Mondamin
60 g Mehl
Puderzucker

Den steifen Eischnee abwechselnd mit Zucker, Eigelb und Zitronenschale vermischen, zuletzt das Mondamin und Mehl leicht unterziehen. Ein Backblech mit Pergamentpapier auslegen und die Biskuits durch den Spritzsack mit einer glatten Tülle in Löffelform aufspritzen. Mit gesiebtem Puderzucker dick bestäuben und sofort im vorgeheizten Backofen ca. 20 Minuten backen. Die Backofentüre dabei nicht ganz schließen!

E.Herd 175–200 / G.Herd 2–3

Haferflockenkrapfen

250 g Haferflocken
125 g Butter/Margarine
125 g Zucker
2 Eier, 250 g Mehl
1 Päckchen Backpulver
1 Prise Zimt
abgeriebene Schale von
1 Zitrone
3–4 EL Sahne

1 Eiweiß
Himbeer- oder Aprikosenmarmelade
etwas Dosenmilch

Die gemahlenen Haferflocken mit der schaumig gerührten Butter oder Margarine vermischen. Die übrigen Zutaten (etwas Eigelb zurückbehalten) nach und nach zufügen, den Teig gut verkneten und ca. 1/2 cm dick auswellen. Mit einem Glas kleine Küchlein ausstechen, den Rand ringsum mit Eiweiß bestreichen, in die Mitte jeweils einen Kaffeelöffel Marmelade setzen, die Krapfen zur Hälfte überklappen und den Rand gut andrücken. Das zurückbehaltene Eigelb mit etwas Dosenmilch verquirlen, die Krapfen damit bestreichen und auf einem gefetteten, mit Bröseln bestreutem Backblech im vorgeheizten Backofen ca. 20 Minuten backen.

E.Herd 200–225 / G.Herd 3–4

Wiener Faschingskrapfen

4 EL Mazola Keimöl
100 g Zucker
1 Päckchen Vanillinzucker
abgeriebene Schale von
1 Orange
Salz, 3 Eier
100 g Mondamin
200 g Mehl
2 KL Backpulver
50 g gewürfeltes Orangeat
50 g geschälte, gemahlene Mandeln

Öl oder Palmin
Puderzucker

Einen Rührteig nach Grundrezept herstellen. Mit Hilfe von zwei Eßlöffeln Klöße aus dem Teig formen und in heißem Öl oder Palmin schwimmend in 12–15 Minuten goldgelb ausbacken. Puderzucker darüberstäuben.

Ausbacktemperatur: ca. 150° C

Anisbrot

6 Eier, 250 g Zucker
Saft und abgeriebene Schale von ½ Zitrone
1 EL Anis, 250 g Mehl
1 KL Backpulver

5 Eigelb, 1 ganzes Ei, Zitrone und Zucker schaumig rühren. Anis und das mit Backpulver vermengte Mehl zugeben, zuletzt den Eischnee locker darunterziehen. Die Masse in eine ausgefettete, mit Weckmehl bestreute Rehrücken- oder Kapselform füllen und 45–60 Minuten backen. Gut abkühlen lassen, dann in 1 cm dicke Scheiben schneiden und diese im Backofen hellgelb rösten.

E.Herd 175–200 / G.Herd 2–3

Amerikaner (ca. 18 Stück)

150 g Butter
175 g Zucker
3 Eigelb
1 Prise Salz, abgeriebene Schale von ½ Zitrone
1 EL Rum
500 g Mehl
1 Päckchen Backpulver
¼ l Milch.
Glasur: Eiweißglasur (Seite 181)
Schokoladenglasur (Seite 182)

Die Butter lauwarm zerlassen und mit dem Zucker schaumig rühren. Die verquirlten Eigelb und die Geschmackszutaten unterrühren. Mehl mit Backpulver vermischen und zusammen mit der Milch in kleinen Portionen unterrühren. Von dem festen Teig nicht zu kleine Häufchen auf ein gefettetes Blech setzen und im vorgeheizten Backofen hellgelb backen.

E.Herd 175–200 / G.Herd 2–3

Die nicht gewölbte Seite der Amerikaner abwechselnd mit Eiweiß- und Schokoladenglasur überziehen.

◀ Sandspritzgebäck, Seite 130, Zimtherzen, Seite 142

Sand- oder Zimtwaffeln

250 g Butter/Margarine
200 g Zucker
4 Eier, 150 g Mehl
150 g Mondamin
1 Messerspitze Backpulver
abgeriebene Schale von
1/2 Zitrone
oder 1 Päckchen Vanillinzucker
1 EL Zitronensaft
oder 1 EL Zimt
1 EL Rum

Mazola Keimöl
Puderzucker

Einen Rührteig nach Grundrezept zubereiten und für Sandwaffeln abgeriebene Zitronenschale und Zitronensaft, für Zimtwaffeln Vanillinzucker, Zimt und Rum zuletzt unter den Teig mischen. Das Waffeleisen mit Öl leicht einfetten und vorheizen. Pro Waffelboden je 1 1/2 Eßlöffel Teig auf das heiße Waffeleisen geben und ca. 2 Minuten backen. Mit Puderzucker bestäuben.

Waffeln gelingen ebenso gut mit einer Backmischung Rührkuchenteig nach Anleitung auf dem Paket.

Thermostatregler: 3–4

Die Waffeln schmecken kalt am nächsten Tag am besten.

Wiener Waffeln

100 g Butter/Margarine
150 g Mehl
50 g Zucker
50 g geschälte, geriebene
Mandeln

Eiweißglasur (Seite 181)
Aprikosenmarmelade
Puderzucker
Vanillinzucker

Die schaumig gerührte Butter mit dem Mehl, Zucker und den Mandeln vermischen, auf dem Backbrett leicht verarbeiten und eine Stunde kalt stellen. Aus der Masse zwei gleichlange, 10 cm breite Streifen ausrollen. Auf den einen Streifen mit der Glasur ein Gitter spritzen und sofort im vorgeheizten Backofen in ca. 15 Minuten hell backen. Den anderen Streifen ohne Glasur backen, nach kurzem Abkühlen mit der Marmelade bestreichen und den glasierten Streifen darüberdecken. Gleichmäßige Vierecke daraus schneiden und mit Vanillinzucker vermischten Puderzucker darüberstäuben.

E.Herd 200–225 / G.Herd 3–4

Schokoladenwaffeln

250 g Butter/Margarine
1 Päckchen Vanillinzucker
200 g Zucker
4 Eier, 150 g Mehl
150 g Mondamin
1 Messerspitze Backpulver
50 g abgezogene gehackte Mandeln, 1 EL Rum
50 g geriebene Schokolade

Mazola-Keimöl, Puderzucker

Einen feinen Rührteig nach Grundrezept herstellen, zuletzt Mandeln, Rum und Schokolade unter den Teig mischen. Öl in das aufgeheizte Waffeleisen streichen und die Waffeln darin backen. Auf einem Gitter abkühlen lassen und mit Puderzucker bestäuben.

Thermostatregler: 3–4

Wochenendtorte (Kalte Pracht)

2 Pakete Leibniz- oder andere Kekse (ca. 25 Stück)
250 g Palmin oder Biskin
125 g Zucker
80 g Kakao
3 Eier

Eine kleine Kapselform (ca. 18 cm lang) mit Pergamentpapier auslegen und eine Schicht Kekse einlegen. Zur Creme das Kokosfett erhitzen, den Zucker und Kakao unter Rühren zugeben und nach kurzem Abkühlen die ganzen, leicht verquirlten Eier untermischen. Zuerst etwa den vierten Teil der Creme auf die Kekse streichen, abwechselnd Kekse und Creme einfüllen, die oberste Creme-Schicht glattstreichen und die Form kaltstellen. Nach dem Erstarren aus der Form nehmen, das Pergamentpapier abziehen und die »Kalte Pracht« in feine Scheiben schneiden.
Die Wochenendtorte wird auch »Schatzkästlein» oder »Kalter Hund« genannt.

Kleingebäck und Weihnachtsgebäck

Sandspritzgebäck (60–70 Stück)

150 g Butter/Margarine
60 g Puderzucker
½ Päckchen Vanillinzucker
1 Prise Salz
1 Messerspitze Koriander
2 Eigelb
180 g Mehl

feine Marmelade oder Nougatmasse (Seite 168)

Puderzucker

Die zerlassene Butter mit dem gesiebten Puderzucker, Vanillinzucker, Salz, Koriander und den gequirlten Eigelb gut verrühren. Nach und nach das Mehl untermischen und die Teigmasse in den Spritzsack füllen. Mit einer Sterntülle verschiedene Formen, z.B. Kringel oder Streifen, auf ein gefettetes Backblech spritzen und im vorgeheizten Backofen ca. 20 Minuten hell backen.
Nach kurzem Auskühlen je zwei aufeinanderpassende Formen mit Marmelade oder Nougatmasse bestreichen, zusammensetzen und mit Puderzucker bestäuben.

E.Herd 175–200 / G.Herd 2–3

Wiener Spritzgebäck (100–120 Stück)

250 g Butter/Margarine
2 Eier
250 g Zucker
250 g Mondamin
250 g Mehl
125 g geschälte, geriebene Mandeln oder Haselnüsse

Glasur:
ca. 150 g Kuvertüre oder Schokoladenglasur (S. 182)

Die Butter oder Margarine schaumig rühren, Eier und Zucker unter Quirlen zufügen, Mondamin, Mehl, die geriebenen Mandeln oder Haselnüsse daruntermischen und den Teig kalt stellen. Die Teigmasse portionsweise in eine Backspritze füllen und durch die Sterntülle kleine Kränzchen, Hufeisen, »S« oder andere Formen auf ein gefettetes Blech spritzen. Im vorgeheizten Backofen ca. 15 Minuten backen.
Nach kurzem Abkühlen mit flüssiger Kuvertüre oder Schokoladenglasur bestreichen.

E.Herd 175–200 / G.Herd 2–3

Gespritzte Makronen (90–95 Stück)

500 g geschälte, geriebene Mandeln
500 g Zucker
Saft und abgeriebene Schale von 1 Zitrone
8 Eiweiß

Kandierte Früchte oder Marmelade

In einer heißen Pfanne die Mandeln, Zucker, Zitronensaft und -schale sowie zwei Eiweiß bei geringer Wärmezufuhr so lange rühren, bis die Masse lauwarm ist und sich zusammenballt. Nach völligem Erkalten den steifen Schnee der restlichen Eiweiß nach und nach untermischen. Die Masse in einen Spritzsack füllen, mit der Sterntülle verschiedene Formen auf ein mit Backpapier belegtes Backblech spritzen und ca. 20 Minuten im vorgeheizten Backofen backen.
Das Papier vom Blech abheben und einige Minuten auf einer mit Wasser gut befeuchteten Tischplatte ruhen lassen, damit sich die Makronen gut lösen. Dann mit kandierten Früchten oder Marmelade verzieren und auf ein Gitter legen.

E.Herd 150–175 / G.Herd 1–2

Osternestchen

Sandspritzgebäck oder Wiener Spritzgebäck in kleinen Kränzen backen, mit Schokoladenglasur bestreichen und auf die noch feuchte Glasur kleine Zucker- oder Marzipaneier drücken.

Linzer Schneckchen (50–60 Stück)

200 g Butter/Margarine
65 g Zucker
60 g geschälte, geriebene Mandeln
250 g Mehl
1 Messerspitze Zimt

1–2 Eigelb

Aprikosenmarmelade

50 g Mandelblättchen
Puderzucker

Die Butter oder Margarine mit dem Zucker verkneten, die geriebenen Mandeln, Mehl und Zimt daruntermischen, dann den Teig eine Stunde kalt stellen. Auf einem Backbrett ca. 1/2 cm dick auswellen, aus der einen Teighälfte runde, gezackte Plätzchen ausstechen und mit Eigelb bestreichen. Aus der anderen Teighälfte dünne Röllchen formen und diese schneckenförmig auf die Plätzchen legen. Auf einem gefetteten Backblech im vorgeheizten Backofen ca. 25 Minuten backen.

Die Schneckchen mit Marmelade bestreichen, mit den Mandelblättchen schuppenförmig belegen und mit Puderzucker bestäuben.

E.Herd 175–200 / G.Herd 2–3

Hobelspäne (20–30 Stück)

70 g geschälte, geriebene Mandeln
4 Eiweiß
90 g Zucker
30 g Mehl
1 Messerspitze Zimt

Die geriebenen Mandeln mit einem Eiweiß in einer Schüssel nochmals sehr fein zerdrücken, nach und nach den steifen Schnee der drei Eiweiß mit den übrigen Zutaten daruntermischen. Die Masse durch den Spritzsack mit der glatten Tülle auf ein mit Backpapier ausgelegtes Backblech in ca. 15 cm lange Streifen spritzen. Im vorgeheizten Backofen 12–15 Minuten backen und noch heiß über einen Holzlöffelstiel wickeln.

E.Herd 200–225 / G.Herd 3–4

Mandelzungen

(20–30 Stück)

125 g geschälte, geriebene Mandeln
5 Eiweiß
190 g Zucker
1 Messerspitze Zimt
1 KL Vanillinzucker

Mandelblättchen

Den Teig wie für Hobelspäne zubereiten und statt Streifen ovale Plätzchen auf das mit Backwachs gefettete Backblech spritzen. Mit Mandelblättchen bestreuen und im vorgeheizten Backofen 12–15 Minuten backen.
Noch heiß über einen Flaschenhals halbrund biegen.

E.Herd 200–225 / G.Herd 3–4

Hippen (Eisröllchen)

(20–30 Stück)

100 g geschälte, geriebene Mandeln
3 Eiweiß
150 g Puderzucker
1 Prise Zimt
20–30 g Mondamin

Mandeln und Eiweiß in einer Schüssel cremig rühren, dann Zucker, Zimt und Mondamin untermischen und so viel Wasser zufügen, bis die Masse wie Brei vom Rührlöffel tropft. Ein Backblech gut fetten, mit Mehl bestäuben und von der Masse 10 cm lange, 7–8 cm breite Rechtecke dünn aufstreichen. Im vorgeheizten Backofen ca. 15 Minuten hell backen, sofort eng aufrollen und auf einem Gitter erkalten lassen.
Die heißen Hippen sofort mit einem dünnen Messer vom Blech lösen, weil sie abgekühlt leicht brechen. Die schon zu sehr erkalteten nochmals kurz in den heißen Backofen schieben.

E.Herd 175–200 / G.Herd 2–3

Marzipanmakronen (Rehfüßchen)

(ca. 40 Stück)

2 Eiweiß
125 g Puderzucker
250 g Rohmarzipan
4 EL Zwiebackbrösel

150 g Kuvertüre

Die steif geschlagenen Eiweiß mit dem Zucker schaumig rühren, dann die weich geknetete Marzipanmasse und die Zwiebackbrösel untermischen. Auf ein gefettetes Backblech kleine Makronen setzen und im vorgeheizten Backofen ca. 20 Minuten backen.
Noch warm mit der Unterseite in flüssige Kuvertüre tauchen und umgekehrt auf einem Gitter abtrocknen lassen.

E.Herd 175–200 / G.Herd 2–3

Kleingebäck und Weihnachtsgebäck

Mandelmakronen (90–95 Stück)

500 g geschälte, geriebene Mandeln
500 g Zucker
Saft und abgeriebene Schale von 1 Zitrone
7 Eiweiß

60 g geschälte Mandeln oder kandierte Kirschen oder Marmelade

Zitronenglasur (Seite 180)
Backoblaten

In einer heißen Pfanne die Mandeln, Zucker, Zitronensaft und -schale sowie zwei Eiweiß bei geringer Wärmezufuhr so lange rühren, bis die Masse lauwarm ist und sich zusammenballt. Nach völligem Erkalten den steifen Schnee der übrigen Eiweiß nach und nach untermischen. Ein Backblech mit Oblaten auslegen, die Makronen mit zwei Kaffeelöffeln oval oder rund formen, daraufsetzen und im vorgeheizten Backofen ca. 20 Minuten backen.
Die Makronen mit Mandelhälften oder kandierten Kirschen oder Marmelade verzieren und noch warm glasieren.

E.Herd 150–175 / G.Herd 1–2

Gefüllte Makronen (45–50 Stück)

Mandelmakronen wie oben
Aprikosenmarmelade oder Punschbuttercreme (S. 174)
Kuvertüre

Die noch warmen Mandelmakronen mit Aprikosenmarmelade oder mit Punschbuttercreme bestreichen, jeweils zwei aufeinandersetzen und kühl stellen, damit die Creme steif wird. Flüssige Kuvertüre über die Makronen streichen oder sie darin eintauchen und auf einem Gitter abtrocknen lassen.

Hagebuttenmakronen (Hägenmakronen) (ca. 90 Stück)

400 g Puderzucker
4 Eiweiß
Saft von ½ Zitrone
650 g geschälte, geriebene Mandeln
4 EL Hagebuttenmark

Den Zucker mit dem steifen Eischnee und Zitronensaft ca. 2 Minuten mit dem elektrischen Handrührgerät rühren. Eine Tasse davon für den Guß zurückbehalten und unter die restliche Masse die Mandeln und das Hägenmark mischen. Auf ein mit Backpapier ausgelegtes Backblech ovale Makronen setzen. In die Oberfläche eine Vertiefung drücken (am besten mit einem in Zucker getauchten Löffelstiel) und einen Streifen Guß hineinspritzen. Die Makronen ½ Stunde trocknen lassen, dann im vorgeheizten Backofen ca. 20 Minuten backen.

E.Herd 150–175 / G.Herd 1–2

Makronengebäck

(60–70 Stück)

250 g Mehl
125 g Butter/Margarine
60 g Zucker, 2 Eier

Makronenmasse:
2 Eiweiß
140 g Zucker
Saft von 1/4 Zitrone
125 g geschälte, geriebene Mandeln

Marmelade

Glasur:
125 g Puderzucker
Saft von 1/2 Zitrone
1 EL Wasser

Einen Mürbteig nach Grundrezept auf dem Backbrett rasch verarbeiten und kalt stellen. Inzwischen die Eiweiß für die Makronenmasse steif schlagen, mit dem Zucker und Zitronensaft ca. 2 Minuten mit dem elektrischen Handrührgerät rühren, dann die geriebenen Mandeln zufügen.
Den Teig 1/2 cm dick auswellen und daraus lange, etwa 3 cm breite Streifen schneiden. Die Makronenmasse mit dem Spritzsack an den Längsseiten der Teigstreifen aufspritzen, so daß in der Mitte ein leerer Streifen bleibt. Die Teigstreifen auf einem gefetteten Backblech ca. 25 Minuten backen, etwas abkühlen lassen und die von der Makronenmasse frei gebliebene mittlere Fläche der Streifen mit Marmelade füllen.
Die Glasur daruberziehen und nach kurzem Antrocknen die noch warmen Gebäckstreifen in etwa 6 cm lange, schräg geschnittene Stücke schneiden.

E.Herd 175–200 / G.Herd 2–3

Grießmakronen

(40–50 Stück)

3–4 Eiweiß
250 g Zucker
Saft und geriebene Schale von 1/2 Zitrone
40 g Grieß
250 g geschälte, geriebene Mandeln
je 20 g Zitronat und Orangeat

Gelee, Haselnüsse oder Zitronatstreifen

Den steifen Eischnee, Zucker, Zitronensaft und -schale ca. 10 Minuten mit dem Schneebesen schlagen, den Grieß 1/4 Stunde mitrühren (mit dem elektrischen Handrührgerät ca. 2 Minuten), die geriebenen Mandeln sowie das würfelig geschnittene Zitronat und Orangeat untermischen.
Auf ein mit Backpapier ausgelegtes Backblech runde oder ovale Makronen setzen. In die runden Makronen eine kleine Vertiefung drücken, mit etwas Gelee oder einer Haselnuß ausfüllen und die ovalen Makronen jeweils mit einem Streifen Zitronat verzieren. Im vorgeheizten Backofen ca. 20 Minuten backen.

E.Herd 150–175 / G.Herd 1–2

Haferflockenmakronen (ca. 70 Stück)

500 g Haferflocken
125 g Butter/Margarine
1–2 Eier
200 g Zucker
¼–⅜ l Milch
Saft von ½ Zitrone
oder 1 Päckchen Vanillinzucker
1 Päckchen Backpulver

Himbeer- oder Aprikosenmarmelade

Die Haferflocken in der Mandelmühle mahlen und durch ein Sieb schütteln. Die Butter schaumig rühren, Eier und Zucker mitschlagen, die anderen Zutaten und zuletzt das gesiebte Backpulver daruntermischen. Mit zwei Kaffeelöffeln Makronen formen, in die Mitte eine Vertiefung drücken, mit Marmelade füllen und auf einem gefetteten Backblech im vorgeheizten Backofen ca. 20 Minuten backen.

E.Herd 175–200 / G.Herd 2–3

Schokoladenmakronen (50–60 Stück)

200 g ungeschälte, geriebene Mandeln
3–4 Eiweiß
200 g Zucker
100 g geriebene Schokolade
runde Backoblaten

Die Mandeln mit einem Eiweiß verrühren, den Zucker und die Schokolade untermischen, dann 3–4 Eiweiß zu Schnee schlagen und darunterziehen. Ein Backblech mit Oblaten belegen, kleine Häufchen der Makronenmasse daraufsetzen und im vorgeheizten Backofen ca. 20 Minuten backen.

E.Herd 150–175 / G.Herd 1–2

Kokosnußmakronen (50–60 Stück)

250 g Kokosflocken
250 g Zucker
4 Eiweiß
Saft und abgeriebene Schale von ½ Zitrone
oder 1 Päckchen Vanillinzucker
kleine Backoblaten

Die Kokosflocken, Zucker, ein Eiweiß, Zitronensaft und -schale oder Vanillinzucker in einer Pfanne bei geringer Wärmezufuhr so lange rühren, bis die Masse lauwarm ist. Nach völligem Erkalten die steif geschlagenen restlichen Eiweiß nach und nach daruntermischen. Ist die Masse zu weich, einen Eßlöffel Grieß zufügen. Ein Backblech mit Oblaten auslegen, ovale Makronen darauf setzen (mit zwei Kaffeelöffeln geformt) und im vorgeheizten Backofen ca. 20 Minuten bakken.

E.Herd 150–175 / G.Herd 1–2

Schaummakronen

(50–60 Stück)

**5 Eiweiß
250 g Zucker
250 g geschälte, geriebene Mandeln
1 Päckchen Vanillinzucker**

Schokoladenglasur (Seite 182)

Eiweiß und Zucker über Wasserdampf zu einer steifen Masse schlagen, dann Mandeln und Vanillinzucker daruntermischen. Auf ein mit Pergamentpapier ausgelegtes Backblech mit zwei Kaffeelöffeln rund oder oval geformte Makronen setzen und im vorgeheizten Backofen ca. 20 Minuten backen. Die Makronen lassen sich nach dem Backen leichter vom Papier lösen, wenn sie mit dem Papier einige Minuten auf ein befeuchtetes Blech gelegt werden. Die Unterseite der Makronen in Schokoladenglasur tauchen und auf einem Gitter trocknen lassen.

E.Herd 150–175 / G.Herd 1–2

Haselnuß- oder Walnußmakronen

**3 Eiweiß
190 g Puderzucker
125 g ungeschälte, geriebene Mandeln
100 g ungeschälte, geriebene Haselnuß- oder Walnußkerne
1 Päckchen Vanillinzucker
kleine Backoblaten**

Die Eiweiß zu steifem Schnee schlagen und mit dem gesiebten Puderzucker ca. 2 Minuten mit dem elektrischen Handrührgerät rühren (2–3 Eßlöffel zurückbehalten). Die Mandeln, Nußkerne und Vanillinzucker untermischen, ein Backblech mit Oblaten belegen und ovale oder runde Makronen daraufsetzen. Im vorgeheizten Backofen ca. 20 Minuten backen und noch warm einen Streifen vom zurückbehaltenen Guß aufspritzen.

E.Herd 150–175 / G.Herd 1–2

Die Haselnußmakronen können auch mit Buttercreme (Seite 174) bestrichen werden. Je zwei passende aufeinandersetzen und die Oberfläche mit Kuvertüre bestreichen.

Haselnußbusserln (50–60 Stück)

**3–4 Eiweiß
250 g ungeschälte, geriebene Haselnüsse
200 g Zucker
30 g geriebene Schokolade
1 KL Nescafé
1 Päckchen Vanillinzucker
Backoblaten**

Die Eiweiß zu steifem Schnee schlagen und mit dem Zucker 20 Minuten rühren (mit dem elektrischen Handrührgerät ca. 2 Minuten), dann die geriebenen Haselnüsse, Schokolade, Nescafé und Vanillinzucker leicht daruntermischen. Ein Backblech mit Oblaten auslegen, von der Masse kleine Kugeln formen und daraufsetzen. Kleine Vertiefungen eindrücken und die Busserln ca. 20 Minuten im vorgeheizten Backofen hell backen.

E.Herd 150–175 / G.Herd 1–2

Dann die Busserln einen Tag lang in den Keller stellen, damit sie weich werden, die Vertiefung mit Marmelade ausfüllen oder eine kandierte Kirsche hineinlegen. Die Busserln nach dem Füllen nicht übereinanderlegen.

Haselnußschnitten (80–90 Stück)

**8 Eiweiß
500 g Puderzucker
1 Päckchen Vanillinzucker
oder Saft von 1 Zitrone
je 250 g geschälte, geriebene Mandeln und Haselnüsse**

Die steif geschlagenen Eiweiß, Puderzucker, Vanillinzucker oder Zitronensaft ca. 2 Minuten mit dem elektrischen Handrührgerät rühren (8 Eßlöffel zum Glasieren zurückbehalten). Dann die geriebenen Mandeln und Haselnüsse leicht daruntermischen. Ein Backbrett mit Zucker bestreuen, kleine Portionen der Masse ca. 1 cm hoch darauf auswellen und Schnitten, Hufeisen oder Halbmonde ausstechen. Die Schnitten auf ein mit Backpapier ausgelegtes Backblech legen, mit der zurückbehaltenen Glasur bestreichen und im vorgeheizten Backofen ca. 20 Minuten hell backen.

E.Herd 175–200 / G.Herd 2–3

Nußbrötchen

(40–50 Stück)

300 g Zucker
3 Eier
300 g gemahlene Walnußkerne
geriebene Schale von ½ Zitrone
75 g Mehl
1 EL Kirschwasser

Glasur:
200 g Puderzucker
1 Eiweiß
1 KL Nescafé

100 g halbierte Walnußkerne

Zucker und Eier ca. 2 Minuten mit dem elektrischen Handrührgerät rühren, die übrigen Zutaten untermischen und den Teig auf dem Backbrett (eventuell auf Zucker) 1 cm dick auswellen. Kleine, runde Plätzchen ausstechen.
Zum Guß Eiweiß und Puderzucker glatt verrühren, den Nescafé zufügen und je eine Walnußhälfte in den Guß tauchen. Die Plätzchen damit belegen und im vorgeheizten Backofen ca. 20 Minuten backen.
Oder die Brötchen nach dem Backen glasieren und mit Zuckerlösung bestrichene Nußkerne daraufsetzen.

E.Herd 175–200 / G.Herd 2–3

Mandelhäufchen

(40–55 Stück)

250 g geschälte, gestiftelte Mandeln
375 g Zucker
1 Päckchen Vanillinzucker
1 Prise Zimt
5 Eiweiß
Backoblaten

In einer heißen Pfanne die Mandeln, Zucker, Vanillinzucker, Zimt und 1 Eiweiß bei geringer Wärmezufuhr so lange rühren, bis die Masse lauwarm ist und sich zusammenballt. Nach völligem Erkalten den steifen Schnee der übrigen Eiweiß nach und nach untermischen. Ein Backblech mit Oblaten auslegen, kleine Häufchen mit zwei Kaffeelöffeln daraufsetzen und im vorgeheizten Backofen ca. 20 Minuten knusprig backen.

E.Herd 150–175 / G.Herd 1–2

Schokoladenbrötchen

(40–50 Stück)

4 Eiweiß
250 g Zucker
250 g ungeschälte, geriebene Mandeln
125 g geriebene Schokolade
Backoblaten

Die Eiweiß zu steifem Schnee schlagen, mit dem Zucker ca. 2 Minuten mit dem elektrischen Handrührgerät rühren, dann die Mandeln und die Schokolade untermischen. Auf ein mit Backoblaten ausgelegtes Backblech kleine Häufchen aufsetzen und die Brötchen ca. 25 Minuten backen.

E.Herd 150–175 / G.Herd 1–2

Bärentatzen (Schokoladenmuscheln) (40–50 Stück)

4 Eiweiß
250 g Puderzucker
abgeriebene Schale und Saft von 1 Zitrone
125 g geriebene Schokolade
1 Messerspitze Zimt
250 g ungeschälte, geriebene Mandeln

Die Eiweiß zu steifem Schnee schlagen, mit Zucker, Zitronensaft und -schale dickschaumig rühren. Die mit dem Zimt vermengte Schokolade zugeben, noch kurz mitrühren, dann erst die Mandeln zufügen. Kleine Kugeln formen, in Zucker rollen und in ein mit Zucker ausgestreutes Muschelförmchen fest eindrücken. Die Bärentatzen herauslösen und auf ein gefettetes, mit Weckmehl bestreutes Backblech setzen, über Nacht abtrocknen lassen und ca. 25 Minuten im vorgeheizten Backofen backen.

E.Herd 150–175 / G.Herd 1–2

Kleiebrötchen (50–60 Stück)

3 Eigelb
60 g Zucker
125 g Butter
250 g Mehl
2–3 EL Weizenkleie
Guß-Füllung:
3 Eiweiß
180 g Zucker
250 g ungeschälte, geriebene Mandeln
1 Prise Zimt
½ KL geriebene Zitronenschale

Die Zutaten für den Teig auf dem Backbrett rasch verarbeiten, glatt kneten, ca. ½ cm dick auswellen und mit einem runden, gezackten Förmchen kleine Plätzchen ausstechen.
Die Gußfüllung wie folgt zubereiten: unter die sehr steif geschlagenen Eiweiß alle übrigen Zutaten mischen und auf jedes Plätzchen einen Kaffeelöffel Füllung setzen (nicht glatt streichen). Die Kleiebrötchen im vorgeheizten Backofen auf einem gut gefetteten Blech ca. 15–20 Minuten backen.

E.Herd 175–200 / G.Herd 2–3

Butterbrötchen (Mandelbrötchen) (50–60 Stück)

3 Eiweiß
250 g Zucker
250 g ungeschälte, geriebene Mandeln
250 g geriebene Schokolade
1 Päckchen Vanillinzucker oder Saft von ¼ Zitrone

Den steifen Eischnee mit dem Zucker leicht verrühren, Mandeln, Schokolade, Vanillinzucker oder Zitronensaft zufügen, alles auf dem Backbrett rasch verarbeiten und den Teig kalt stellen. Dann ca. ½ cm dünn auswellen, halbmondförmige Brötchen ausstechen und auf gefettetem Backblech im vorgeheizten Backofen ca. 20 Minuten hell backen.

Glasur:
1 Eiweiß
125 g Puderzucker
50 g geschälte Pistazien oder Zitronat

Zum Guß das Eiweiß leicht schlagen und mit dem gesiebten Puderzucker gut verrühren. Die Brötchen damit überziehen, den Rand ringsum frei lassen und auf die noch feuchte Glasur gewiegte Pistazien oder gestifteltes Zitronat streuen.

E.Herd 175–200 / G.Herd 2–3

Wespennester (80–90 Stück)

375 g ungeschälte, gestiftelte Mandeln
6 Eiweiß
375 g Zucker
125 g geriebene Schokolade
etwas Zimt und gemahlene Nelken
1 Päckchen Vanillinzucker
Backoblaten

Die Mandeln mit einem Eßlöffel Zucker rösten und erkalten lassen. Das Eiweiß zu steifem Schnee schlagen, Zucker, Schokolade, Zimt, Nelken, Vanillinzucker und die Mandeln zufügen. Ein Backblech mit Backoblaten belegen, kleine Häufchen von der Masse daraufsetzen und im vorgeheizten Backofen ca. 20 Minuten backen.

E.Herd 150–175 / G.Herd 1–2

Mandelsterne

6 Eiweiß
500 g Puderzucker
500 g geschälte, geriebene Mandeln
1 Vanillestange oder 1 Päckchen Vanillinzucker

Sandzucker zum Auswellen

Die Eiweiß zu Schnee schlagen, den gesiebten Puderzucker zufügen und ca. 2 Minuten mit dem elektrischen Handrührgerät rühren, 3–4 Eßlöffel zurückbehalten, dann die Mandeln und die fein geriebene Vanillestange oder den Vanillinzucker daruntermischen. Die Masse auf Zucker auswellen, Sterne, Kleeblätter, Hufeisen oder andere Formen ausstechen. Auf ein gefettetes Backblech setzen, mit dem zurückbehaltenen Guß glasieren und im vorgeheizten Backofen ca. 20 Minuten hell backen.

E.Herd 175–200 / G.Herd 2–3

Zimtsterne (ca. 60 Stück)

**7–8 Eiweiß
625 g Puderzucker
Saft und geriebene Schale
von 1 Zitrone
15–20 g (ca. 2 EL) Zimt
500 g ungeschälte, geriebene
Mandeln**

Sandzucker zum Auswellen

Die Eiweiß zu steifem Schnee schlagen, mit dem gesiebten Puderzucker, Zitronensaft und -schale so dick rühren, daß die Masse nicht mehr vom Löffel läuft. Davon eine große Tasse für den Guß zurückbehalten. Unter die übrige Masse den Zimt und die Mandeln mischen, dann kleine Portionen auf Zucker fingerdick auswellen (dabei das Anhängen der Teigmasse auf dem Backbrett durch Hin- und Herschieben verhindern). Sterne ausstechen, auf ein gefettetes oder mit Backpapier ausgelegtes Backblech setzen, am besten über Nacht trocknen lassen und mit dem zurückbehaltenen Guß überziehen. Die Glasur abtrocknen lassen und im vorgeheizten Backofen so lange backen, bis der Guß hellgelb ist.

E.Herd 150–175 / G.Herd 1–2

Aus demselben Teig lassen sich auch Zimtherzen herstellen (siehe Foto Seite 126).

Zedernbrot (65–70 Stück)

**4–5 Eiweiß
600 g Puderzucker
Saft und abgeriebene Schale
von 2 kleinen Zitronen
500 g geschälte, geriebene
Mandeln**

Sandzucker zum Auswellen

Die Eiweiß zu steifem Schnee schlagen, mit dem Zucker und dem Zitronensaft schaumig rühren (1 Tasse zum Guß zurückbehalten). Die Zitronenschale und die Mandeln daruntermischen, die Masse auf Zucker auswellen und Halbmonde oder Sterne davon ausstechen. Über Nacht auf dem Backbrett abtrocknen lassen, dann mit dem zurückbehaltenen, nochmals durchgerührten Guß glasieren und auf einem gefetteten Backblech im vorgeheizten Backofen ca. 20 Minuten hell bakken (vgl. Rezept Zimtsterne).

E.Herd 150–175 / G.Herd 1–2

Mandelringe

(40–50 Stück)

4–5 Eiweiß
220 g Zucker
220 g geschälte, gestiftelte Mandeln
1 Paket Tiefgefrier-Blätterteig

Die Eiweiß zu steifem Schnee schlagen, den Zucker untermischen und das ganze im Wasserbad so lange rühren, bis die Masse gut erwärmt ist. Nach dem Abkühlen die Mandeln zufügen. Aus dem nach Anweisung zubereiteten und aufgetauten Blätterteig kleine Ringe ausstechen, die Mandelmasse gleichmäßig daraufstreichen und die Ringe auf einem mit Wasser abgespülten Backblech im vorgeheizten Backofen ca. 20 Minuten backen.

E.Herd 200–225 / G.Herd 3–4

Mandelbögen

(70–80 Stück)

500 g geschälte Mandeln
375 g Zucker
geriebene Schale von 1 Zitrone
60 g gewiegtes Zitronat
2 KL Zimt
6 Eiweiß
Backoblaten

Die Hälfte der Mandeln reiben, die übrigen fein stifteln. Die geriebenen Mandeln mit dem Zucker in einer Pfanne unter ständigem Rühren bei geringer Wärmezufuhr hell rösten. Dann die gestifteten Mandeln, Zitronenschale, Zitronat, das Zimt und den Eischnee zufügen und alles leicht vermischen. Ein Backblech mit Oblaten auslegen, die Mandelmasse messerrückendick daraufstreichen und im vorgeheizten Backofen ca. 20 Minuten backen.
Noch heiß in Streifen schneiden und über ein Wellholz biegen.

E.Herd 175–200 / G.Herd 2–3

Schokoladenbögen

(70–80 Stück)

Wie Mandelbögen
50 g Kakao

Zubereitung wie oben. Statt Zitronenschale und Zimt Kakao unter die Mandelmasse mischen, die Bögen ebenso backen und heiß über ein Wellholz biegen.

◂ Einfaches Schnitzbrot, Seite 197

Mandelbrötchen (Kochschulbrötchen) (50–60 Stück)

250 g Butter/Margarine
250 g Zucker
250 g geschälte, geriebene Mandeln
250–300 g Mehl

1–2 Eigelb
50 g geschälte, gehackte Mandeln

Die schaumig gerührte Butter mit den anderen Zutaten vermischen. Den Teig mit etwas Mehl auswellen, runde Plätzchen davon ausstechen und über Nacht kühl stellen. Am anderen Tag mit Eigelb bestreichen, die gehackten Mandeln darüberstreuen und auf einem gefetteten Backblech im vorgeheizten Backofen ca. 20 Minuten hellbraun backen.

E.Herd 175–200 / G.Herd 2–3

Belgrader Brot (40–50 Stück)

2 Eier, 2 Eigelb
250 g Zucker
1 EL (10 g) Zimt
250 g ungeschälte Mandeln
je 30 g Zitronat und Orangeat
250 g Mehl

Glasur:
120 g Puderzucker
1 Eiweiß

Die Eier und Eigelb mit dem Zucker ca. 2 Minuten mit dem elektrischen Handrührgerät rühren, den Zimt, die würfelig geschnittenen Mandeln, das würfelig geschnittene Zitronat und Orangeat und das Mehl daruntermischen. Den Teig 1/2 cm dick auswellen und Rauten ausstechen. Ein Backblech mit Backpapier auslegen, die Rauten daraufsetzen, dicht aneinanderreihen und im vorgeheizten Backofen ca. 20 Minuten backen. Noch warm glasieren.

E.Herd 175–200 / G.Herd 2–3

Frankfurter Brenten (60–70 Stück)

500 g geschälte, geriebene Mandeln
1 EL Rosenwasser (in Apotheken erhältlich)
500 g Zucker
1 Eiweiß, 60 g Mehl

Sandzucker zum Auswellen

Die Mandeln mit dem Rosenwasser zu einem Brei verrühren, den Zucker untermischen und in einer Kasserolle bei geringer Wärmezufuhr so lange rösten, bis die Mandeln trocken wie Brösel sind. Auf dem Backbrett ausbreiten, über Nacht kalt stellen, dann mit Eiweiß und Mehl verkneten und den Teig auf Zucker auswellen. In mit Mehl ausgestäubte Holzförmchen (Modeln) drücken, herauslösen, 24 Stunden ruhen lassen und auf einem gefetteten, mehlbestäubten Backblech im vorgeheizten Backofen ca. 20 Minuten backen.

E.Herd 150–175 / G.Herd 1–2

Mandelspieße

(40–50 Stück)

250 g geschälte Mandeln
125 g Butter/Margarine
250 g Zucker
250 g Mehl
1 EL (10 g) Zimt
1 Prise gemahlene Nelken
1 Ei

1 Eiweiß zum Bestreichen

20–25 Mandeln zurückbehalten und halbieren. Die anderen Mandeln reiben und etwa 4 Eßlöffel davon zurückbehalten. Die restlichen geriebenen Mandeln mit den anderen Zutaten unter die schaumig gerührte Butter mischen und die Masse 1 Stunde kalt stellen. Dann auswellen und Rauten ausstechen. Auf einem mit Backpapier ausgelegten Backblech aneinanderreihen und mit leicht geschlagenem Eiweiß überstreichen. Die zurückbehaltenen, geriebenen Mandeln daraufstreuen, die halbierten ganzen Mandeln auf die Vierecke verteilen und im vorgeheizten Backofen ca. 20 Minuten hell backen.

E.Herd 175–200 / G.Herd 2–3

Mandelhalbmonde

(60–70 Stück)

5 Eigelb
60 g Zucker
100 g Butter/Margarine
250 g Mehl

Füllung:
5 Eiweiß
180 g Zucker
120 g geschälte, geriebene Mandeln
30 g zerlassene Butter
60 g Mehl, 1 EL Milch

Himbeermarmelade
Zitronenglasur (Seite 180)

Die Zutaten zum Teig auf dem Backbrett verkneten (vgl. Mürbteig-Grundrezept) und den Teig 1 Stunde kalt stellen. Dann etwa 1/2 cm dick auswellen, ein gefettetes Backblech damit auslegen und im vorgeheizten Backofen ca. 10 Minuten halbfertig backen.

E.Herd 175–200 / G.Herd 2–3

Zur Füllung die Zutaten gut verrühren und den steifen Eischnee locker darunterziehen.
Das halbfertige Gebäck sofort mit dicker Himbeermarmelade bestreichen, die Füllung darüberziehen und im Backofen nochmals ca. 10 Minuten fertig backen.

E.Herd 200–225 / G.Herd 3–4

Kurz abkühlen lassen, die ganze Fläche glasieren und mit einer Kreisform Halbmonde ausstechen.

Helenenschnitten (30–35 Stück)

150 g Mehl
100 g Butter/Margarine
60 g Zucker
70 g ungeschälte, geriebene Mandeln
30 g geriebene Schokolade
1 Ei, etwas Vanillinzucker

1 Ei zum Bestreichen

Füllung:
70 g geschälte, geriebene Mandeln
70 g Zucker
1–2 EL Wasser

Vanilleglasur (Seite 180)

Alle Zutaten zum Teig auf dem Backbrett verarbeiten (vgl. Mürbteig-Grundrezept), glattkneten und 1 Stunde kalt stellen. Dann zwei lange, schmale Streifen auswellen. Einen Streifen mit verquirltem Ei bestreichen und den Rand ringsum etwas in die Höhe drücken.
Zur Füllung die Mandeln, den Zucker und etwas Wasser in einer Schüssel gut zerdrücken, auf den Teigstreifen streichen und den zweiten Streifen darüberdecken. Auf gefettetem Backblech im vorgeheizten Backofen ca. 20–30 Minuten hellbraun backen.
Noch warm mit Vanilleglasur überziehen und in gleichmäßige Schnitten schneiden.

E.Herd 175–200 / G.Herd 2–3

Himbeerschnitten (35–40 Stück)

200 g Mehl
1 Ei, 1 Eigelb
100 g Zucker
100 g Butter/Margarine

Himbeermarmelade

Makronenmasse:
Schnee von 2 Eiweiß
125 g Zucker
125 g geschälte, geriebene Mandeln

50 g geschälte, gehackte Mandeln
Zitronenglasur (Seite 180)

Die Zutaten zum Mürbteig (vgl. Grundrezept) rasch verkneten, davon zwei gleichmäßige, $1/2$ cm dicke Streifen auswellen, nebeneinander auf ein gefettetes Backblech legen und im vorgeheizten Backofen ca. 10 Minuten halbfertig backen.

E.Herd 175–200 / G.Herd 2–3

Ein wenig abkühlen lassen, die Marmelade daraufstreichen und die inzwischen zubereitete Makronenmasse (vgl. Präsidentenschnitten) darüberziehen. Mit Mandeln bestreuen und die Streifen ca. 10 Minuten im vorgeheizten Backofen hellbraun backen.

E.Herd 200–225 / G.Herd 3–4

Noch warm mit der Zitronenglasur überziehen und in 2 cm breite Schnitten schneiden.

Präsidentenschnitten (30–35 Stück)

200 g Mehl
1 Ei, 1 Eigelb
100 g Zucker
100 g Butter/Margarine

frische oder eingedünstete Johannisbeeren

Guß:
je 45 g ungeschälte, gewiegte Mandeln und Haselnüsse
150 g Zucker
1 Messerspitze Zimt
1 KL Vanillinzucker
2–3 Eiweiß

Die Zutaten zum Teig rasch auf dem Backbrett glatt verkneten (vgl. Mürbteig-Grundrezept) und kurze Zeit kalt stellen. Dann zwei gleichlange, ½ cm dicke Streifen davon auswellen, beide nebeneinander auf ein gefettetes Backblech legen und im vorgeheizten Backofen ca. 10 Minuten halbfertig backen.

E.Herd 175–200 / G.Herd 2–3

Auf einen Streifen die gut abgetropften Johannisbeeren legen und den anderen Streifen darüberdecken. Die Mandeln, Haselnüsse, Zucker, Zimt, Vanillinzucker und Eiweiß in einer Pfanne bei geringer Wärmezufuhr so lange rühren, bis sich die Masse bindet. Den Mandelguß dick auf den oberen Streifen streichen, im vorgeheizten Backofen in ca. 10 Minuten fertig backen und noch warm in Dreiecke schneiden.

E.Herd 200–225 / G.Herd 3–4

Einfache Honiglebkuchen (80 Stück)

600 g Honig
375 g Zucker
1 kg Mehl
3 Eier
je 1 Prise Zimt und Nelken
je 60 g Zitronat und Orangeat
2 Päckchen Backpulver
250 g ungeschälte Mandeln

1–2 Eigelb

Den Honig mit ca. 125 g Zucker kurz aufkochen, zum Erkalten in eine Schüssel umgießen und 750 g Mehl daruntermischen. Den restlichen Zucker mit den ganzen Eiern ca. 2 Minuten mit dem elektrischen Handrührgerät rühren, dann die Gewürze, das feinwürfelig geschnittene Zitronat und Orangeat, das restliche Mehl, das Backpulver und die würfelig geschnittenen Mandeln (in etwas Zucker angeröstet) zufügen.
Dann beide Teigmassen gut verkneten, ein Backblech einfetten, mit Mehl bestäuben, den Teig ½ cm dick auswellen und darauflegen. Die Oberfläche mit verquirltem Eigelb überpinseln, die Lebkuchen im vorgeheizten Backofen 30–40 Minuten hellbraun backen und noch heiß in Rechtecke schneiden.

E.Herd 200–225 / G.Herd 3–4

Feine Honiglebkuchen (50–60 Stück)

375 g geschälte Mandeln
750 g Zucker
750 g Honig
je 125 g Zitronat und Orangeat
je 1 Prise Muskat und Nelken
30 g Zimt
3 EL Kirschwasser
1 1/2 Päckchen Backpulver
875 g Mehl

Zitronenglasur (Seite 180)

Die würfelig geschnittenen Mandeln mit der Hälfte der Zuckermenge rösten. Den restlichen Zucker mit dem Honig aufkochen, das kleingehackte Orangeat, Zitronat und die Gewürze zufügen, dann abkühlen lassen. Kirschwasser, das mit Backpulver vermengte Mehl und die gerösteten Mandeln zugeben, alles gut mit der Honigmasse vermischen und den Teig 1/2 cm dick auswellen. Ein gefettetes, mit Mehl bestäubtes Backblech damit belegen und über Nacht kühl stellen. Am anderen Tag im vorgeheizten Backofen 30–40 Minuten hellbraun backen, noch warm glasieren und in Rechtecke schneiden.

E.Herd 200–225 / G.Herd 3–4

Weiße Lebkuchen (50–60 Stück)

5 Eier
500 g Zucker
50 g geschälte Mandeln
50 g gestifteltes Zitronat
3 KL (15 g) Zimt
500 g Mehl
1/2 KL Backpulver
abgeriebene Schale von
1 Zitrone

Glasur:
1 Eiweiß
150 g Puderzucker
1 KL Zitronensaft

Die ganzen Eier mit dem Zucker schaumig rühren, die feinwürfelig geschnittenen Mandeln und die restlichen Zutaten zufügen, den Teig leicht verarbeiten und 1–2 Stunden kalt stellen. Dann etwa 1/2 cm dick auswellen, Lebkuchen daraus schneiden, auf ein gut gefettetes Backblech legen und über Nacht abtrocknen lassen. Am anderen Tag 30–40 Minuten im vorgeheizten Backofen hellbraun backen und noch warm glasieren.

E.Herd 175–200 / G.Herd 2–3

Schokoladen-Lebkuchen (60–70 Stück)

200 g Zucker
1 Päckchen Vanillinzucker
3 Eier
60 g Butter/Margarine
375 g Honig
je 1 Messerspitze Zimt und Nelken
5 g Kardamom, 1 EL Arrak
100 g ungeschälte, geriebene Mandeln
abgeriebene Schale von 1 Zitrone
500 g Mehl
1/2 KL Backpulver
200 g bittere Schokolade

Schokoladenglasur (Seite 182)

ca. 125 g Marzipan
oder 125 g geschälte, halbierte Mandeln

Zucker und Eier schaumig rühren, die lauwarm zerlassene Butter und den abgekühlten, flüssigen Honig, Gewürze, Arrak, Mandeln, Zitronenschale und das Mehl, mit dem Backpulver vermischt, zufügen. Zuletzt die Schokolade in kleinen Würfelchen rasch untermengen (sie sollte möglichst nicht zerschmelzen). Die Masse auf ein gefettetes Backblech gleichmäßig aufstreichen im vorgeheizten Backofen 30–40 Minuten backen und noch heiß auf dem Backblech in kleine Vierecke schneiden.

Mit Glasur überziehen, entweder mit einem Marzipansternchen oder einer Mandelhälfte verzieren und auf einem Gitter abtrocknen lassen.

E.Herd 200–225 / G.Herd 3–4

Nürnberger Lebkuchen (30–40 Stück)

4 Eier
250 g Zucker
je 70 g Zitronat und Orangeat
70 g geschälte Mandeln
250 g Mehl, 1 KL (5 g) Zimt
je 1 Messerspitze Nelken, Muskatblüte und Kardamom
1/2 Päckchen Backpulver
große Backoblaten

Die Eier mit dem Zucker schaumig rühren, das feinwürfelig geschnittene Zitronat und Orangeat, die blättrig geschnittenen Mandeln und die anderen Zutaten nach und nach zufügen. Ein Backblech mit Oblaten auslegen, die Masse daraufstreichen, Lebkuchen davon schneiden und über Nacht abtrocknen lassen. Am anderen Tag im vorgeheizten Backofen 40–45 Minuten backen (den Backofen nicht ganz schließen).

E.Herd 150–175 / G.Herd 1–2

Elisenlebkuchen (60–70 Stück)

125 g Rohmarzipan
125 g geschälte, geriebene Mandeln
375 g Zucker, 6 Eiweiß
50 g Orangeat
abgeriebene Schale von
½ Zitrone
150 g Mehl
½ Päckchen Backpulver
15–18 g Lebkuchengewürz
große runde Backoblaten

Marzipan, Mandeln, Zucker und 3 Eiweiß bei geringer Wärmezufuhr in einer Pfanne so lange rösten, bis die Masse lauwarm ist und sich zusammenballt. Das kleinwürfelig geschnittene Orangeat, Zitronenschale, das gesiebte Mehl, Backpulver und Gewürze mit dem restlichen Eiweiß vermischen. Die Mandelmasse zugeben und alles gut vermengen. Die Oblaten 1 cm hoch mit dem Teig bestreichen, über Nacht trocknen lassen und am anderen Tag im vorgeheizten Backofen 30–40 Minuten backen.
Die Lebkuchen noch warm mit Punschglasur (Seite 180) oder Schokoladenglasur (Seite 184) bestreichen.

E.Herd 175–200 / G.Herd 2–3

Himbeerlebkuchen (80–90 Stück)

7 Eiweiß
500 g Zucker
375 g ungeschälte, geriebene Mandeln
je 70 g Orangeat und Zitronat
etwas Zimt, Nelken, Muskat
abgeriebene Schale von
1 Zitrone
3 EL Himbeermarmelade
große Backoblaten

Zitronenglasur (Seite 180)

Den steifen Eischnee mit dem Zucker ca. 10 Minuten rühren. Die Mandeln, das feingeschnittene Orangeat und Zitronat sowie die anderen Zutaten leicht daruntermischen. Ein Backblech mit großen Backoblaten auslegen, die Masse ½ cm dick daraufstreichen und im vorgeheizten Backofen 30–40 Minuten backen.
Die ganze Fläche noch warm mit Zitronenglasur überziehen und in schmale Streifen oder Rechtecke schneiden.

E.Herd 150–175 / G.Herd 1–2

Geleelebkuchen (80–90 Stück)

250 g Zucker
2 Eier
250 g Apfelgelee
je 30 g gewiegtes Zitronat und Orangeat
70 g geschälte, geriebene Mandeln oder Haselnüsse
1 Messerspitze Zimt
1 Messerspitze Nelken
600 g Mehl
1 Päckchen Backpulver

Zucker und Eier schaumig rühren, das Gelee mit den anderen Zutaten verquirlen und zuletzt nach und nach das mit Backpulver vermischte Mehl zugeben. Den Lebkuchenteig tüchtig kneten und bis zum anderen Tag kühl stellen. Auf dem Backbrett 1/2 cm dick auswellen, Lebkuchen ausstechen und auf einem gefetteten Backblech dicht nebeneinandersetzen. Im vorgeheizten Backofen 30–40 Minuten backen und noch warm wieder auseinanderbrechen.

E.Herd 175–200 / G.Herd 2–3

Basler Leckerli (80–90 Stück)

500 g Honig
150 g geschälte Mandeln oder Haselnüsse
je 30 g Zitronat und Orangeat
250 g Zucker, 1 KL Zimt
1 Messerspitze Nelken
1 Prise Muskat
abgeriebene Schale von 1/2 Zitrone
4 EL Kirschwasser
1 Päckchen Backpulver
625 g Mehl
Zuckerglasur (Seite 182)

Den Honig erhitzen. Mandeln oder Haselnüsse, Zitronat und Orangeat in feine Würfel schneiden und mit Zucker, Gewürzen, Zitronenschale und Kirschwasser im Honig aufkochen und nach dem Abkühlen das mit Backpulver vermischte Mehl dazugeben. Die Masse mit etwas Mehl 1/2 cm dick auswellen, auf ein gefettetes Blech legen und im vorgeheizten Backofen ca. 30–40 Minuten backen.
Noch warm in kleine Vierecke schneiden und mit der Zuckerglasur überziehen. Die Lebkuchen einzeln vom Blech lösen und auf einem Drahtgitter erkalten lassen.

E.Herd 200–225 / G.Herd 3–4

Pfeffernüsse (ca. 120 Stück)

2 Eigelb
250 g Zucker
30 g feingeschnittenes Zitronat
oder abgeriebene Schale von
1 Zitrone
oder 4 feingeschnittene Feigen
etwas Zimt
je 1 Prise Nelken und Pfeffer
1 EL Kirschwasser
250 g Mehl
½ KL Backpulver
Kirschwasser zum Eintauchen

Zuckerguß (Seite 182)

Die Eigelb mit dem Zucker ca. 2 Minuten mit dem elektrischen Handrührgerät rühren, alle anderen Zutaten zufügen, den Teig ca. 1 cm dick auswellen, in 1 cm breite Streifen teilen und davon kleine Würfel schneiden. Die Würfel auf ein gefettetes, mit Mehl bestäubtes Backblech setzen und über Nacht trocknen lassen. Am anderen Tag die Unterseite der Würfel in Kirschwasser tauchen, im vorgeheizten Backofen 30–40 Minuten backen und noch warm mit dem Zuckerguß überziehen.

E.Herd 175–200 / G.Herd 2–3

Spekulatius (80–90 Stück)

500 g Mehl
½ Päckchen Backpulver
150 g Butter/Margarine
200 g Zucker
30 g gehackte Kürbiskerne
oder ungeschälte, geriebene
Mandeln
½ KL Zimt
½ KL gemahlene Nelken
1 Messerspitze Kardamom
1 Ei, 3 EL Milch

Aus den angegebenen Zutaten einen Mürbteig nach Grundrezept herstellen und 1 Stunde ruhen lassen. Dann nochmals durchkneten, messerrückendick auswellen, Lebkuchen oder kleine Figuren ausstechen und auf dem gefetteten Backblech im vorgeheizten Backofen 20–30 Minuten knusprig braun backen.

E.Herd 200–225 / G.Herd 3–4

Lübecker Leckerli

(80–90 Stück)

250 g Butter/Margarine
1 Päckchen Vanillinzucker
100 g Puderzucker
250 g Mondamin
75 g Mehl, 30 g Kakao
1 Messerspitze Lebkuchengewürz
150 g Marzipanrohmasse
75 g Puderzucker
1 Eigelb

300 g Puderzucker
6–7 EL Rum

halbierte Walnußkerne

Aus den angegebenen Zutaten einen Rührteig nach Grundrezept verarbeiten und zuletzt kneten. Aus dem Teig Rollen von ca. 2 cm Durchmesser formen und in etwa 1 cm dicke Scheiben schneiden. Die Marzipanrohmasse mit dem Puderzucker und dem Eigelb verkneten, aus der Masse Kügelchen drehen und auf die Teigscheiben legen. Den Teig darüber zusammenziehen, zu Kugeln formen, auf ein ungefettetes Backblech setzen und im vorgeheizten Backofen 15–20 Minuten backen. Den Puderzucker mit Rum verrühren, über die Kugeln ziehen und die halbierten Walnußkerne daraufsetzen.

E.Herd 175–200 / G.Herd 2–3

Linzer Brötchen

(30–40 Stück)

100 g Butter/Margarine
20 g ungeschälte, geriebene Mandeln
abgeriebene Schale von
1/4 Zitrone
40 g Zucker
120 g Mehl
Aprikosenmarmelade
oder kandierte Früchte
oder Zitronat und Orangeat

Die Butter schaumig rühren, die übrigen Zutaten, zuletzt das Mehl, zugeben, den gut vermischten Teig eine Stunde kalt stellen. Mit Hilfe von wenig Mehl 1/2 cm dick auswellen, mit einem gezackten, runden Förmchen Plätzchen ausstechen, mit Eigelb überpinseln und im vorgeheizten Backofen 15–20 Minuten backen.
Nach dem Erkalten mit Aprikosenmarmelade, kandierten Früchten oder fein gestifteltem Zitronat und Orangeat verzieren.

E.Herd 175–200 / G.Herd 2–3

Rosinenbrötchen   (40–45 Stück)

125 g Butter/Margarine
60 g fein gewiegtes Zitronat
4 Eier
125 g Rosinen
125 g Zucker
250 g Mehl

Die Butter schaumig rühren, die vorbereiteten übrigen Zutaten und zuletzt das Mehl daruntermischen. Den Teig gut vermengen und davon mit einem Kaffeelöffel kleine Häufchen auf ein gefettetes Backblech setzen. Über Nacht stehen lassen und dann im vorgeheizten Backofen ca. 20 Minuten backen.

E.Herd 175–200 / G.Herd 2–3

Vanillebrötchen   (35–40 Stück)

4 Eier
250 g Zucker
1 Päckchen Vanillinzucker
oder ½ Vanillestange
270–300 g Mehl

Die ganzen Eier mit dem Zucker ca. 3 Minuten mit dem elektrischen Handrührgerät rühren. Den Vanillinzucker oder die fein gewiegte Vanillestange und löffelweise das Mehl untermischen. Häufchen auf ein gefettetes Backblech setzen, über Nacht stehen lassen, damit sie an der Oberfläche abtrocknen, und dann im vorgeheizten Backofen ca. 20 Minuten backen.

E.Herd 175–200 / G.Herd 2–3

Pomeranzenbrötchen   (40–50 Stück)

250 g Zucker
3 Eier
etwas abgeriebene Zitronenschale
250 g Mehl
je 30 g Zitronat und Orangeat

50 g Zitronatstreifen zum Belegen

Zucker, Eier und Zitronenschale ca. 2 Minuten mit dem elektrischen Handrührgerät rühren, löffelweise das Mehl und das würfelig geschnittene Zitronat und Orangeat zugeben. Dann ovale Plätzchen formen und auf jedes zwei bis drei schmale Zitronatstreifen überkreuz legen. Die Brötchen auf ein gefettetes, mit Mehl bestäubtes Backblech setzen, über Nacht stehen lassen und dann im vorgeheizten Backofen ca. 20 Minuten backen.

E.Herd 175–200 / G.Herd 2–3

Himbeerbrötchen (30–40 Stück)

3 Eier
250 g Zucker
3–4 EL dicke Himbeermarmelade
250–375 g Mehl
Backoblaten

Die Eier mit dem Zucker schaumig rühren, die Himbeermarmelade und das Mehl zugeben. Den Teig nicht zu weich zubereiten, eventuell mehr Mehl zufügen. Auf ein mit Backoblaten ausgelegtes Backblech kleine Häufchen setzen, über Nacht stehen lassen und dann im vorgeheizten Backofen ca. 20 Minuten backen.

E.Herd 175–200 / G.Herd 2–3

Mundbiß (40–50 Stück)

125 g Butter/Margarine
1 Ei, 125 g Zucker
65 g geschälte, geriebene Mandeln
abgeriebene Schale von ½ Zitrone
1 Messerspitze Zimt
190 g Mehl

feine Marmelade

Glasur:
125 g Puderzucker
1 Eiweiß
1 EL Zitronensaft

ca. 50 g geschälte, halbierte Mandeln

Die Butter schaumig rühren, Ei und Zucker sowie die anderen Zutaten untermischen, den Teig glatt kneten und kalt stellen (vgl. Mürbteig-Grundrezept). Dann sehr dünn auswellen, beliebige Förmchen ausstechen und auf einem gut gefetteten, mit Mehl bestäubten Backblech ca. 20 Minuten hell backen. Zwischen zwei Plätzchen etwas Marmelade streichen, mit der Glasur überziehen, je eine Mandelhälfte daraufsetzen und in der Wärme trocknen lassen.
Die Plätzchen können auch mit Buttercreme (Seite 174) gefüllt und mit Schokoladenglasur (Seite 182) oder Orangenglasur (Seite 180) überzogen werden.

E.Herd 175–200 / G.Herd 2–3

Wiener Brötchen (30–40 Stück)

4 Eigelb von hartgekochten Eiern
80 g Butter/Margarine
125 g Zucker, 250 g Mehl
1 EL Zitronensaft

feine Marmelade

Glasur:
125 g Puderzucker
1 Eiweiß
1 EL Zitronensaft

Die Eigelb durch ein Sieb drücken und mit der Butter schaumig rühren. Die übrigen Zutaten daruntermischen und die Brötchen wie Mundbiß zubereiten, backen und glasieren.

E.Herd 175–200 / G.Herd 2–3

Schwabenbrötchen (ca. 100 Stück)

375 g Mehl
250 g Butter/Margarine
250 g Zucker
250 g ungeschälte, geriebene Mandeln
1 Ei, 20 g Zimt
abgeriebene Schale von
½ Zitrone
1 Messerspitze Nelken

2 Eigelb zum Bestreichen
50 g geschälte, gehackte Mandeln
50 g Hagelzucker

Aus den Zutaten auf dem Backbrett einen Mürbteig kneten (vgl. Grundrezept) und eine Stunde kalt stellen. Mit etwas Mehl nicht zu dünn auswellen, verschiedene Formen ausstechen und über Nacht stehen lassen. Dann mit Eigelb überstreichen, in Mandeln und Hagelzucker tauchen, auf einem gefetteten Backblech im vorgeheizten Backofen ca. 20 Minuten knusprig backen.

E.Herd 175–200 / G.Herd 2–3

Luisenbrötchen (120–130 Stück)

250 g Butter/Margarine
125 g Zucker, 4 Eigelb
1 EL Arrak oder Rum
etwas Vanillinzucker
500 g Mehl

2 Eigelb zum Bestreichen
50 g geschälte, gehackte Mandeln, 50 g Hagelzucker
evtl. Himbeermarmelade
Zuckerglasur (Seite 182)

Unter die schaumig gerührte Butter die Zutaten mischen, das Mehl zuletzt zugeben, auf dem Backbrett leicht verkneten und den Teig kalt stellen. Dann ca. 1/2 cm dick auswellen, runde, gezackte Plätzchen ausstechen, mit Eigelb bestreichen und Mandeln, mit Hagelzucker vermischt, daraufstreuen. Im vorgeheizten Backofen ca. 20 Minuten hellbraun backen.
Eventuell die Brötchen etwas dünner auswellen und nach dem Backen mit Marmelade füllen und glasieren.

E.Herd 175–200 / G.Herd 2–3

Albertle (Kekse) (100–120 Stück)

125 g Butter/Margarine
4 Eier, 250 g Zucker
1 Päckchen Vanillinzucker
500 g Mehl
250 g Mondamin
3 EL Sahne oder Dosenmilch
1 Päckchen Backpulver

Unter die schaumig gerührte Butter abwechselnd die ganzen Eier, Zucker und die übrigen Zutaten untermischen (zum Auswellen 125 g Mehl zurückbehalten). Auf dem Backbrett zu einem glatten Teig verkneten und ca. 1 Stunde ruhen lassen. Dann messerrückendick auswellen, mit dem Reibeisen ein Muster aufdrücken, runde Plätzchen oder beliebige Förmchen ausstechen und auf gefettetem Backblech ca. 20 Minuten hell backen.

E.Herd 175–200 / G.Herd 2–3

Schweizer Batzen (40–50 Stück)

4 Eier, 250 g Zucker
300 g geschälte, fein geschnittene Mandeln
abgeriebene Schale von 1/2 Zitrone
1 KL Zimt
je 50 g Zitronat und Orangeat
250 g Mehl

Eier und Zucker ca. 2 Minuten mit dem elektrischen Handrührgerät rühren, dann die übrigen Zutaten, zuletzt das Mehl, daruntermischen. Nußgroße Häufchen auf ein gefettetes Backblech setzen und im vorgeheizten Backofen ca. 20 Minuten backen.

E.Herd 175–200 / G.Herd 2–3

Orangenbrötchen   (60–70 Stück)

5 Eier
500 g Zucker
abgeriebene Schale von
2 Orangen
500 g Mehl

Die Eier und Zucker schaumig rühren, die Orangenschalen zugeben und nach und nach das Mehl daruntermischen. Von der Masse kleine Häufchen auf ein gefettetes Backblech setzen, über Nacht kühl stellen und dann im vorgeheizten Backofen ca. 20 Minuten hellbraun backen.

E.Herd 175–200 / G.Herd 2–3

Springerle   (80–90 Stück)

4 Eier
500 g Zucker
500 g Mehl
1 Messerspitze Backpulver
etwas abgeriebene Zitronenschale
Anis

Die Eiweiß steif schlagen, mit Zucker und Eigelb ca. 3 Minuten mit dem elektrischen Handrührgerät rühren, dann Zitronenschale und Mehl zugeben. Den Teig auf dem Backbrett so lange bearbeiten, bis er zart und geschmeidig ist. Dann ca. 1 Stunde kalt stellen, auswellen und die mit Mehl bestäubten Förmchen (Model) in den Teig eindrücken. Dann ausstechen oder ausschneiden und auf ein gut mit Butter gefettetes, mit Anis bestreutes Backblech legen. 20–24 Stunden ruhen lassen bis die Springerle an der Oberfläche gut abgetrocknet sind. Die Unterseite mit Zuckerwasser befeuchten, dabei darauf achten, daß die Oberfläche nicht feucht wird. Im schwach vorgeheizten Backofen bei geöffneter Backofentüre ca. 20 Minuten backen.

E.Herd 150–175 / G.Herd 1–2

Dann bei geschlossener Backofentüre ca. 20 Minuten fertig backen.

E.Herd 175–200 / G.Herd 2–3

Die Springerle sollen gleichmäßig hohe Füßchen (Sockel) haben, eine weiße Oberfläche und einen goldgelb gebackenen Boden. Nach dem Backen das Mehl leicht abbürsten.
Auf den Einband-Innenseiten dieses Buches sind alte schwäbische Springerle-Model abgebildet.

Husarenkrapfen (40–50 Stück)

200 g Butter/Margarine
4 Eigelb
125 g Zucker
375 g Mehl
etwas Vanillinzucker

50 g geschälte, gehackte Mandeln
50 g Hagelzucker

kandierte Früchte
oder Marmelade

Die Butter schaumig rühren, Eigelb, Zucker, Mehl und Vanillinzucker zufügen. Aus dieser Masse kleine Kugeln formen, in die Mitte eine Vertiefung drücken und die Kräpfchen mit Eigelb überstreichen. Die Mandeln mit dem Hagelzucker vermischen und darüberstreuen. Auf einem gefetteten, mit Mehl bestäubten Backblech ca. 20 Minuten hellbraun backen.
Nach dem Erkalten in die Vertiefung kandierte Fruchtstückchen oder etwas Marmelade geben.

E.Herd 175–200 / G.Herd 2–3

Prinzeßstangen (70–80 Stück)

125 g Butter/Margarine
125 g geschälte, geriebene Mandeln oder Haselnüsse
125 g Zucker
1/8 l Milch, 250 g Mehl

Zuckerglasur (Seite 182)
oder Hagebuttenmarmelade

Unter die schaumig gerührte Butter oder Margarine die geriebenen Mandeln oder Haselnüsse, Zucker, Milch und nach und nach das Mehl mischen. Mit der schmalen Tülle lange Streifen auf ein gut gefettetes Backblech spritzen und im vorgeheizten Backofen ca. 20 Minuten hell backen.
Noch warm in fingerlange, schräg geschnittene Stangen schneiden und glasieren oder Marmelade aufspritzen.

E.Herd 175–200 / G.Herd 2–3

Butter-S (80–100 Stück)

500 g Mehl
250 g Butter/Margarine
125 g Zucker
7 Eigelb
oder 3 ganze Eier

Eiweiß zum Bestreichen
ca. 100 g Hagelzucker
oder geschälte, gehackte Mandeln

Die Zutaten auf dem Backbrett rasch verarbeiten (vgl. Mürbteig-Grundrezept) und den Teig kalt stellen. Dann von der Masse eine Wurst (5–6 cm Durchmesser) rollen, gleichmäßige, dünne Scheiben abschneiden, »S« daraus formen und über Nacht ruhen lassen. Vor dem Backen mit schaumig geschlagenem Eiweiß bestreichen, in Hagelzucker oder Mandeln eintauchen und auf einem mit Butter gefetteten Backblech ca. 20 Minuten hell backen.

E.Herd 175–200 / G.Herd 2–3

Haselnuß-S (ca. 30 Stück)

125 g ungeschälte, geriebene Haselnüsse
125 g Butter/Margarine
125 g Zucker
125 g Mehl

Vanilleglasur (Seite 180)

Alle Zutaten auf dem Backbrett zu einem glatten Teig verkneten (vgl. Mürbteig-Grundrezept) und kalt stellen. Dann den Teig auf einem bemehlten Backbrett ½ cm dick auswellen und »S« ausstechen. Oder den Teig zu einer Wurst rollen (5–6 cm Durchmesser), gleichmäßige, dünne Scheiben abschneiden und »S« daraus formen. Auf einem gefetteten Backblech im vorgeheizten Backofen ca. 20 Minuten hellbraun backen und noch warm glasieren.

E.Herd 175–200 / G.Herd 2–3

Haselnußstangen (20–30 Stück)

150 g Mehl
2 Eigelb
125 g Butter/Margarine
125 g Zucker
125 g ungeschälte, geriebene Haselnüsse

Punsch- oder Orangenglasur (Seite 180)

Alle Zutaten auf dem Backbrett zu einem Teig verkneten (vgl. Mürbteig-Grundrezept) und in gleichmäßige, ca. 10 cm lange, bleistiftdicke Stangen rollen. Im vorgeheizten Backofen auf gefettetem Backblech (nicht zu dicht nebeneinander) ca. 20 Minuten backen und noch warm glasieren.

E.Herd 175–200 / G.Herd 2–3

Haselnußringe (80–90 Stück)

375 g Butter/Margarine
250 g Zucker
3 Eier, 750 g Mehl
125 g ungeschälte, geriebene Haselnüsse

2–3 Eigelb

100 g ungeschälte, gehackte Haselnüsse
50 g Hagelzucker

Die Butter oder Margarine schaumig rühren, die übrigen Zutaten untermischen und den Teig auf dem Backbrett gut durchkneten. Dann ca. ½ cm dünn auswellen, kleine Ringe ausstechen, mit Eigelb bestreichen, mit Haselnüssen und Hagelzucker bestreuen. Auf einem gefetteten Backblech im vorgeheizten Backofen ca. 20 Minuten hell backen.

E.Herd 175–200 / G.Herd 2–3

Vanillekipferl (Zuckerkipferl) und -Brezelchen (ca. 100 Stück)

250 g Mehl
180 g Butter/Margarine
100 g geschälte, geriebene Mandeln
90 g Zucker

Vanillinzucker und Sandzucker

Mehl, Butter, Mandeln und Zucker auf dem Backbrett zu einem glatten Teig verkneten und kurze Zeit kalt stellen. Dann eine schmale, lange Wurst formen, daraus gleichmäßige Stückchen abschneiden und leicht ausrollen. Zu kleinen Hörnchen oder Brezelchen formen, auf einem gut gefetteten Backblech ca. 20 Minuten im vorgeheizten Backofen blaß backen und heiß in dem mit Vanillinzucker vermischten Zukker wenden.

E.Herd 150–175 / G.Herd 1–2

Glasierte Vanillebrezelchen (ca. 100 Stück)

250 g Mehl
125 g Butter/Margarine
125 g Zucker
1 Ei

Vanilleglasur (Seite 180)
oder Schokoladenglasur (S. 182)

Die Zutaten auf dem Backbrett verarbeiten (vgl. Mürbteig-Grundrezept) und den Teig 1 Stunde kühl stellen. Dann eine lange Wurst formen, davon gleichmäßige Stückchen abschneiden, diese zu bleistiftdicken Stangen rollen und daraus kleine Brezeln schlingen. Ein Backblech mit Backpapier auslegen, die Brezelchen daraufsetzen und im vorgeheizten Backofen ca. 20 Minuten hell backen.
Noch heiß mit der Oberseite in die Glasur tauchen und in der Wärme auf einem Gitter trocknen lassen.

E.Herd 175–200 / G.Herd 2–3

Weinbeißer (ca. 50 Stück)

200 g Butter/Margarine
3 Eigelb
2 EL Zucker
1 EL Kirschwasser
ca. $1/10$ l Weißwein
250 g Mehl
1 Prise Salz

2 Eigelb zum Bestreichen

Aus den Zutaten einen Blätterteig (Grundrezept Seite 104) zubereiten und kalt stellen. Nach dem Auswellen kleine Formen ausstechen, mit Eigelb überstreichen und auf einem mit kaltem Wasser abgespülten Backblech ca. 15 Minuten backen.

E.Herd 200–225 / G.Herd 3–4

Mandel-Weingebäck (100–120 Stück)

125 g geschälte, geriebene Mandeln
125 g Zucker
375 g Butter/Margarine
750 g Mehl
4–6 EL Weißwein
4–6 EL saure Sahne

2–3 Eigelb zum Bestreichen
50 g geschälte, gehackte Mandeln
50 g Hagelzucker

Die Mandeln, Zucker, Butter, Mehl und so viel Weißwein und Sahne zugeben, wie für die Herstellung eines geschmeidigen Blätterteiges nach Grundrezept (Seite 103) nötig ist. Dann messerrückendick auswellen und verschiedene Formen ausstechen, auf ein mit Wasser abgespültes Backblech setzen, mit Eigelb bestreichen, Hagelzucker und Mandeln darüberstreuen und ca. 15 Minuten hellbraun backen.

E.Herd 200–225 / G.Herd 3–4

Buttergebäck (Ausstecherle) (80–100 Stück)

500 g Mehl
250 g Butter/Margarine
250 g Zucker
8 Eigelb
oder 3–4 ganze Eier
etwas abgeriebene Zitronenschale

2 Eigelb zum Bestreichen
50 g geschälte, gehackte Mandeln
50 g Hagelzucker

Das Mehl mit den übrigen Zutaten zu einem Mürbteig (vgl. Grundrezept) verkneten und 1 Stunde kalt stellen. Dann ½ cm dick auswellen und verschiedene Förmchen (z. B. Osterhäschen für die Ostertorte, S. 99) ausstechen. Die Oberfläche mit Eigelb bestreichen, in Mandeln und Hagelzucker tauchen und auf gefettetem Blech im vorgeheizten Backofen ca. 20 Minuten hell backen.
Oder das Gebäck verschiedenfarbig glasieren.

E.Herd 175–200 / G.Herd 2–3

Terrassenbrötchen (30–40 Stück)

375 g Mehl
250 g Butter/Margarine
125 g Zucker
Hagebutten- oder Himbeermarmelade
Puderzucker

Die Zutaten auf dem Backbrett hacken, bis sich die Masse zusammenballt (vgl. Mürbteig-Grundrezept), leicht verkneten und den Teig 1 Stunde kalt stellen. Dann dünn auswellen und in dreierlei Größen gezackte, runde Förmchen ausstechen. Auf einem leicht gefetteten Backblech ca. 20 Minuten hell backen.
Mit Hagebutten- oder Himbeermarmelade bestreichen, jeweils drei Formen terrassenförmig aufeinandersetzen und mit Puderzucker bestreuen.

E.Herd 175–200 / G.Herd 2–3

Dominosteine (60–70 Stück)

Zutaten wie Terrassenbrötchen (ohne Marmelade)
Arrakglasur (Seite 180)
Schokoladenglasur (Seite 182)

Einen Butterteig wie für Terrassenbrötchen herstellen und ½ cm dick auswellen. Rechtecke in der Größe von Dominosteinen ausstechen, backen und noch warm mit Arrakglasur überziehen. In der Mitte einen Streifen von Schokoladenglasur und auf den beiden Hälften Punkte aufspritzen oder mit einem Zahnstocher auftragen.

E.Herd 175–200 / G.Herd 2–3

Spitzbuben (40–50 Stück)

100 g Butter/Margarine
100 g Zucker
200 g Mehl
65 g geschälte, geriebene Mandeln
etwas Vanillinzucker

feine Marmelade oder Hagebuttenmark
Vanillin- oder Puderzucker

Die Zutaten zum Teig auf dem Backbrett so lange hacken, bis sich die Masse zusammenballt, dann leicht verkneten und kalt stellen (vgl. Mürbteig-Grundrezept). Den Teig sehr dünn auswellen und runde Plätzchen ausstechen. Bei der Hälfte der Plätzchen kann man in der Mitte mit dem Fingerhut eine kleine Öffnung ausstechen. Auf einem gefetteten Backblech im vorgeheizten Backofen ca. 20 Minuten hell backen.
Zwischen zwei Plätzchen Marmelade oder Hagebuttenmark streichen und mit Puder- oder Vanillinzucker bestreuen.

E.Herd 175–200 / G.Herd 2–3

Heidesand

125 g Butter/Margarine
125 g Zucker
1 Päckchen Vanillinzucker
200 g Mehl
1 KL Backpulver
evtl. 1 EL Kakao
oder 2 EL geriebene Schokolade

Die Butter oder Margarine erhitzen, hell bräunen und nach kurzem Abkühlen schaumig rühren. Den Zucker, Vanillinzucker, das gesiebte Mehl mit dem Backpulver zufügen, gut durchkneten und den Teig ca. 10 Minuten kalt stellen. Dann mit bemehlten Händen eine Rolle formen, fingerdicke Scheiben davon schneiden und auf gefettetem Backblech im vorgeheizten Backofen ca. 20 Minuten hell backen.
Oder eine Hälfte des Teiges mit Kakao oder Schokolade vermischen, zu einer dünnen Platte auswellen und die helle Teigrolle darin einwickeln. Kurze Zeit sehr kalt stellen, dann Scheiben davon abschneiden und backen.
Oder den hellen ausgewellten Teig um die dunkle Rolle legen und ebenso schneiden und backen.
Oder den hellen und dunklen Teig wie Marmorteig verkneten, eine Rolle daraus formen, Plätzchen davon schneiden und backen.

E.Herd 175–200 / G.Herd 2–3

Damebrett

190 g Mehl
125 g Butter/Margarine
65 g Zucker

1 EL Kakao
1 EL Zucker

Mehl, Butter oder Margarine und Zucker auf dem Backbrett hacken, bis sich die Masse zusammenballt, leicht verkneten und den Teig 1 Stunde kalt stellen. Ein Drittel des Teiges 1 cm dick auswellen und drei 1 cm breite Streifen daraus schneiden. Unter das zweite Drittel den Kakao und Zucker kneten, auswellen und einteilen wie das erste Teigdrittel.
Den Rest des Teiges zu einer dünnen hellen Teigplatte ausrollen, auf diese abwechselnd die schwarzen und weißen Streifen damebrettartig auf- und zusammensetzen und in die Teigplatte einwickeln. Nochmals kurze Zeit kalt stellen, damit sich die hellen und dunklen Streifen beim Schneiden nicht verschieben. Von dem Teigstollen 1/2 cm dicke Scheiben schneiden und diese auf leicht gefettetem Backblech im vorgeheizten Backofen ca. 15 Minuten backen.

E.Herd 175–200 / G.Herd 2–3

Dattelnüßchen

125 g Mehl
2 EL Zucker
1 KL Arrak oder Rum
70 g Butter/Margarine

25–30 Datteln
25–30 Haselnußkerne
oder halbierte Walnußkerne
Puderzucker oder
Schokoladenglasur (Seite 182)

Einen Mürbteig nach Grundrezept zubereiten, dünn auswellen und kleine Vierecke ausrädeln. Die entsteinten Datteln mit einem Haselnußkern oder einer Walnußkernhälfte füllen und wieder fest zusammendrücken. Die Datteln mit den Teigvierecken umhüllen und auf einem gefetteten Backblech im vorgeheizten Backofen 20–25 Minuten backen.
Mit Puderzucker bestäuben oder in Schokoladenglasur tauchen und auf einem Gitter trocknen lassen.

E.Herd 175–200 / G.Herd 2–3

Schokoladengebäck

120 g Butter/Margarine
50 g Zucker
20 g Kakao
3 EL heißes Wasser
180 g Mehl, 1 Eiweiß

Aprikosenmarmelade

Zitronenglasur (Seite 180)
oder Schokoladenglasur (S. 182)

Butter und Zucker schaumig rühren, den im heißen Wasser aufgelösten Kakao sowie nach und nach das Mehl untermischen. Das leicht geschlagene Eiweiß rasch darunterziehen und den Teig kalt stellen. Dann messerrückendick auswellen, beliebige kleine Formen ausstechen oder kleine Brezeln daraus formen und im vorgeheizten Backofen ca. 15 Minuten backen.
Jeweils zwei gleichgeformte Plätzchen mit Marmelade bestreichen, zusammensetzen und mit der weißen oder dunklen Glasur überziehen. Die Brezelchen noch warm mit Schokoladenglasur überziehen und zum Trocknen auf ein Gitter legen.

E.Herd 175–200 / G.Herd 2–3

Schokoladenkränzchen

Zutaten wie Schokoladengebäck
noch 1 Eiweiß

Durch Zufügen eines zweiten Eiweißes den Teig für Schokoladengebäck etwas weicher machen und mit der Sterntülle kleine Kränzchen auf ein gefettetes Backblech spritzen. Im vorgeheizten Backofen ca. 15 Minuten backen und noch warm mit Schokoladenglasur überziehen.

E.Herd 175–200 / G.Herd 2–3

Konfekt

Schokoladentrüffeln

200 g Kuvertüre
⅛ l süße Sahne
ca. 100 g Kuvertüre zum Eintauchen
Schokoladenkrümel

oder 120 g Kuvertüre
1 EL süße Sahne
60 g Butter/Margarine

Die Kuvertüre im heißen Wasserbad aufweichen und schaumig rühren, die Sahne halbsteif schlagen und daruntermischen. Aus der abgekühlten Masse kleine Kugeln formen, einzeln in flüssige Kuvertüre tauchen, in Schokoladenkrümeln wälzen und in Papier- oder Alufolienkästchen oder am besten in eine Pralinenschachtel legen.
Oder die Schokoladentrüffeln mit Butter zubereiten.

Nougatpralinen

150 g geschälte Mandeln
6 EL Puderzucker
3 EL Kakao
3 EL Wasser
150 g Kuvertüre

Die sehr fein geriebenen Mandeln mit drei Eßlöffel Puderzucker hellgelb rösten. Den Kakao mit dem restlichen Puderzucker vermischen, mit dem heißen Wasser glattrühren, die Mandeln zufügen, gut verkneten und nach kurzem Abkühlen kleine Kugeln, Würfel oder Dreiecke formen.
Die Pralinen einzeln auf Zahnstocher spießen, in die aufgelöste Kuvertüre tauchen und auf den Zahnstochern, die man in eine rohe Kartoffel oder Grapefruit steckt, trocknen.

Schokoladenkonfekt

125 g Schokolade
125 g ungeschälte, geriebene Mandeln
etwas Bittermandelöl
50 g fein geschnittenes Zitronat
125 g Zucker

Die geriebene Schokolade mit Mandeln und Zitronat vermischen. Den Zucker mit 3 Eßlöffel Wasser zum Faden kochen und heiß daruntermengen. Kleine Formen mit Öl auspinseln, die Masse einfüllen, rundum fest andrücken, erstarren lassen und nach einigen Stunden vorsichtig stürzen.

Schokoladenbonbons

125 g geriebene Schokolade
250 g Zucker
1 EL Butter/Margarine
½ Tasse Milch

Alle Zutaten zusammen in einer Pfanne bei geringer Wärmezufuhr unter Rühren so lange kochen, bis die Masse dick ist. Dann auf ein gut gefettetes Backblech streichen, abtrocknen lassen und vor dem völligen Erkalten in viereckige Plätzchen schneiden.

Nußbonbons

1 Eiweiß, 1 EL Wasser
Puderzucker
Vanillearoma
oder ½ KL Nescafé oder Kakao
Walnußkerne
evtl. Datteln

Zu dem mit Wasser leicht schaumig geschlagenen Eiweiß löffelweise so viel gesiebten Puderzucker zufügen, bis die Masse genügend fest ist, daß sie geformt werden kann. Die Hälfte der Masse mit Vanillearoma würzen und die andere Hälfte mit Kakao oder Nescafé. Aus der hellen und dunklen Zuckermasse kleine Kugeln formen, in die Oberfläche je eine Walnußkernhälfte eindrücken oder die Kugeln in entsteinte Datteln legen und jeweils einen halbierten Walnußkern obenauf setzen.

Rahmbonbons

¼ l süße Sahne
250 g Zucker
1 Päckchen Vanillinzucker

Die Zutaten unter ständigem Rühren zu Karamel kochen. Ein Backblech mit Butter oder Öl bestreichen, die Masse darauf verteilen und abgekühlt in kleine Vierecke schneiden. Völlig erkaltet, lassen sie sich auseinanderbrechen.
Statt Vanillinzucker kann auch ½ KL Nescafé, geriebene Schokolade oder Nußlikör untergemischt werden.

Mokkabohnen

50 g Butter
250 g Puderzucker
2 EL Kakao
2 EL Milch oder Sahne
20 g Kaffeebohnen oder
2 EL Nescafé.

Die zerlassene Butter mit Puderzucker, Kakao und Milch (oder Sahne) gut verrühren. Die Kaffeebohnen mehlfein mahlen, damit sich der Kaffeegeschmack voll entfalten kann, und zugeben. Aus der Masse kleine Bohnen formen, auf der Oberseite mit einem Einschnitt versehen und etwa einen Tag trocknen lassen. In Twist-Off-Gläsern oder Blechdosen können die Mokkabohnen aufbewahrt werden.

Schaumkonfekt

4 Eiweiß
250 g Puderzucker
1 KL Vanillezucker
oder Saft von ½ Zitrone.
Glasur: Zuckerglasur oder
Pinkglasur (Seite 181)

Die Eiweiß leicht schaumig quirlen, Puderzucker, Vanillezucker oder Zitronensaft löffelweise zufügen und solange schlagen, bis die Masse ganz steif ist. Den Schaum in einen Spritzsack (oder in eine feste Pergamenttüte mit abgeschnittener Spitze) füllen. Auf ein Pergament- oder Backpapier verschiedene Formen oder Figuren aufspritzen und das Papier auf ein **erhitztes** Backblech legen. Das Schaumkonfekt im schwach erwärmten Backofen bei offener Tür trocknen.

E.Herd 100 / G.Herd 1

Die Schäumchen vom Papier lösen und mit Glasur überziehen.
Oder die Eiweißmasse mit etwas rotem Gelee oder Kakao färben und ebenso aufspritzen und trocknen.

Quittenpaste (Quittenspeck)

1 kg Quitten
500–750 g Zucker
Zitronenglasur (Seite 180)
oder Hagelzucker

Die reifen Quitten in wenig Wasser weichkochen, schälen und durchpassieren. Auf 500 g Quittenmark 500 g Zucker rechnen und so lange kochen, bis die Masse dick ist. Die Paste auf ein mit Backpapier ausgelegtes Backblech streichen und 1–2 Tage trocknen lassen. Dann verschiedene Förmchen ausstechen, mit Zitronenglasur überziehen oder in Hagelzucker wälzen.
Eventuell die noch heiße Quittenmasse mit 1–2 Eßlöffel dickem, rotem Gelee nachfärben.

Schokoladenwurst

1 Eiweiß
125 g Zucker
125 g geschälte, geriebene Mandeln
65 g gewürfelte Mandeln
250 g geriebene Schokolade
150 g dickes rotes Fruchtgelee
125 g Rohmarzipan
3 EL Puderzucker

Das Eiweiß zu Schnee schlagen und mit den anderen Zutaten in einer Schüssel vermischen. Auf ein Backbrett Zucker streuen, darauf aus der Masse eine Wurst oder mehrere kleine Würstchen formen. Diese fest mit Pergamentpapier umwickeln und 1–2 Tage trocknen lassen. Dann das Papier entfernen und die Wurst in eine dünn ausgewellte Platte von mit Puderzucker verknetetem Rohmarzipan einhüllen. In Zellophanpapier einpacken und die Enden verschnüren.

Gebrannte Mandeln

500 g Zucker
1 kleine Tasse Wasser
500 g große, ungeschälte Mandeln
1 KL Zimt

Wasser und Zucker kurz aufkochen, die verlesenen Mandeln zufügen und so lange rühren, bis der Zucker bröselt. Kurz abkühlen lassen, dann wieder erhitzen, um den Zucker zum Schmelzen zu bringen und nach dem zweiten Abkühlen dasselbe noch einmal wiederholen. Den Zimt über die Mandeln streuen und sobald diese feucht werden, sofort auf ein geöltes Backblech geben und rasch auseinanderbreiten.

Krokant

200 g geschälte Mandeln
250 g Zucker

Die Mandeln in feine Scheiben oder Stifte schneiden und gut trocknen lassen. Den Zucker in einer Pfanne erhitzen, unter Rühren hellgelb rösten und die Mandeln zufügen. Durch Hin- und Herschieben miteinander vermischen, dann die Krokantmasse auf einem erwärmten, geölten Backblech ausbreiten. Rasch mit einem geölten Wellholz gleichmäßig dick ausrollen, schmale Streifen davon schneiden und noch warm über ein Wellholz biegen.
Für Ostereier, Körbchen usw. die Formen gut mit Öl ausstreichen und die heiße Krokantmasse in die Förmchen eindrücken. Den Rand glattschneiden, die einzelnen Teile nach dem Erkalten mit geschmolzenem, hellgelb gerösteten Zucker bestreichen und zusammensetzen. Läßt sich die Krokantmasse nicht mehr formen, muß sie im heißen Backofen nochmals erwärmt werden.

Marzipan

250 g geschälte Mandeln
250 g Puderzucker
1–2 EL Rosenwasser
(ersatzweise Bittermandelöl)

Die Mandeln dreimal durch die Mandelmühle drehen, bis sie mehlfein gemahlen sind. Zusammen mit dem gesiebten Puderzucker und dem Rosenwasser in einer Pfanne mit hohem Rand unter stetem Rühren erwärmen. Erkalten lassen und mit Hilfe von etwas Puderzucker verkneten. Zu einem festen Ball zusammendrücken und über Nacht kühl stellen.
Am nächsten Tag etwa ½ cm dick auswellen, je nach Verwendungszweck. Mit kleinen Ausstechförmchen beliebige Motive ausstechen: kleine Tannenbäumchen für eine Weihnachtstorte, Osterhasen für die Ostertorte, kleine Herzen für eine Geburtstagstorte usw.
Auch Kleingebäck und Lebkuchen können so verziert werden. Steht keine Ausstechform zur Verfügung, aus fester Pappe die Form ausschneiden, auf den Marzipanteig auflegen und mit spitzem Messer an den Rändern nachfahren.

Wird gekauftes **Rohmarzipan** verwendet, so ist zu beachten, daß zum Durchkneten, Formen etc. etwas mehr Puderzucker als beim selbst hergestellten verwendet werden muß. Evtl. wird zum Binden noch ½ – 1 Eiweiß benötigt.

Marzipankonfekt

Marzipanmasse wie oben
Füllung: Hägenmark oder
Aprikosenmarmelade oder
eine andere, säuerlich
schmeckende Marmelade
Glasur: Eiweiß-Glasur
oder Pink-Glasur, Seite 181

Beliebige Formen ausstechen und mit Marmelade nach Geschmack zwei gleiche Formen zusammendrücken. Die Oberfläche mit Glasur überziehen und trocknen lassen.

Marzipanfiguren

Marzipanmasse wie Seite 172 oder Rohmarzipan, Puderzucker evtl. ½ – 1 Eiweiß
Zum Färben: Hägenmark, rotes Gelee oder Tomatenmark oder Speisefarbe

Die Marzipanmasse mit Hilfe von Marmelade oder Speisefarbe rot färben und z. B. kleine Rübchen formen (für die Rübli-Torte Seite 83), evtl. etwas frisches Grün dazustecken und ringsum auf die Torte legen.
Auch Marzipankerzen oder Marzipanschneemänner können mit etwas Geschick hergestellt werden.

Marzipankartoffeln

Marzipanmasse wie Seite 172 oder Rohmarzipan und Puderzucker
Zum Wenden: 30 g Kakao 30 g Puderzucker

Das Marzipan selbst herstellen oder Rohmarzipan mit soviel Puderzucker verkneten, daß sich kleine Kugeln formen lassen. Kakao mit Puderzucker vermischen, die Kugeln darin wenden und über Nacht kühl stellen.
Jedes Kügelchen auf eine Dressiernadel oder eine Kartoffelgabel spießen und über Kreuz einkerben. Die Kartöffelchen in einen Zellophanbeutel füllen oder in Pralinenförmchen (gibt's auch farbig) in eine Schachtel legen, mit Klarsichtfolie verpacken.
Die Marzipankartöffelchen können auch nur unter dem Backofengrill gebräunt werden, dann entfällt die Kakao-Puderzucker-Mischung.

Marzipan-Brezeln

Marzipanmasse wie Seite 172

Die Marzipanmasse dünn auswellen, in schmale Streifen schneiden und davon mit dem Handballen lange, dünne Stangen rollen, (oder eine Wurst formen, schmale Stücke davon abschneiden und diese zu bleistiftstarken Stangen formen) und Brezelchen schlingen. Kurz unter dem Grill überbräunen.

Cremes und Glasuren

Buttercreme

200 g Butter/Margarine
125 g Puderzucker
2 Eigelb
50 g Palmin oder Biskin

Die weiche Butter und den gesiebten Puderzucker schaumig rühren. Dann das Eigelb und zuletzt das flüssige, aber nicht mehr warme Kokosfett darunterrühren. Dann eine der folgenden geschmacksverändernden Zutaten unter die Creme rühren:

Schokoladen-Buttercreme 4 EL geriebene Schokolade

Mokka-Buttercreme 4 KL Nescafé

Nuß-Buttercreme 3 EL geriebene Nüsse

Punsch-Buttercreme 3 EL Rum oder Arrak

Orangen- oder Zitronen-Buttercreme 3 EL Saft und 1 KL abgeriebene Schale.

Vanille-Buttercreme 1 Päckchen Vanillinzucker unter den Puderzucker mischen.

Es gibt auch verschiedene Tortencreme-Mischungen im Paket, die nach Anleitung auf dem Paket hergestellt werden können.

Erdbeer-Buttercreme

120 g Butter/Margarine
150 g Puderzucker
5–6 EL Erdbeermark

Die Butter schaumig schlagen, den gesiebten Puderzucker und das durchpassierte Erdbeermark mitrühren, eventuell einen Eßlöffel rotes Fruchtgelee zum Nachfärben darunterrmischen und kalt stellen.

Vanille-Sahnecreme

1/4 l Milch
20 g Mondamin
1/4 Stange Vanille
2–4 Eigelb
60 g Zucker
4 Blatt weiße Gelatine
1/8 l Schlagsahne

Die Milch mit dem kalt angerührten Mondamin und der klein geschnittenen Vanillestange unter Rühren aufkochen. Eigelb und Zucker schaumig schlagen, die etwas erkaltete Vanillemilch zugeben und mit der eingeweichten, ausgedrückten Gelatine nochmals schwach erhitzen. Durch ein feines Sieb gießen, verquirlen, und erst, wenn die Creme anfängt, fest zu werden, die steife Sahne unterziehen.
Die Vanille-Sahnecreme kann ebenso wie die Buttercreme (Seite 174) mit geschmacksverändernden Zutaten abgewandelt werden.

Früchtecreme

Unter die fertig zubereitete, erkaltete Vanillecreme etwa einen Eßlöffel verschiedene, kleinwürfelig geschnittene, kandierte Früchte oder Früchte aus dem Rumtopf oder Zitronat und Orangeat mischen.

Schokoladencreme

150 g Butter/Margarine
60 g Puderzucker
2 Eier
120 g Sandzucker
120 g geriebene Schokolade

Butter und Puderzucker schaumig rühren. Die ganzen Eier und den Sandzucker über Wasserdampf zu einer steifen Masse schlagen. Unter Rühren abkühlen lassen, dann beides zusammenmischen und die geriebene, erwärmte Schokolade darunterrühren.
Die Schokoladencreme kann auch aus einer Tortencreme-Mischung aus dem Paket hergestellt werden.

Orangencreme

20 g Mondamin
²/₁₀ l Weißwein
2 Eigelb, 1 Ei
90 g Zucker
Saft von 1½ Orangen und ¼ Zitrone
2 Eischnee

Das Mondamin mit dem Wein verrühren, Eigelb, das ganze Ei, Zucker, Orangen- und Zitronensaft zufügen und unter Schlagen mit dem Schneebesen einmal aufkochen lassen. Dann sofort durch ein Sieb in eine Schüssel umgießen, bis zum Erkalten weiterschlagen und den Eischnee zuletzt leicht unterziehen.

Orangen-Sahnecreme

¼ l süße Sahne
Saft von 2 Orangen
50 g Zucker
3–4 Blatt weiße Gelatine

Unter die sehr steif geschlagene Sahne den Orangensaft, den Zucker und die nach Vorschrift aufgelöste Gelatine mischen.

Haselnuß- oder Walnußcreme

60 g geröstete, geriebene Hasel- oder Walnußkerne
⅛ l Milch
2–3 Eigelb
60 g Zucker
4 Blatt weiße Gelatine
¼ l Sahne

Die Hälfte der fein geriebenen Nußkerne in der Milch aufkochen und durchpassieren. Eigelb und Zucker schaumig rühren, unter die Haselnußmilch mischen und die in 2 Eßlöffel heißem Wasser aufgelöste, durchgesiebte Gelatine zufügen. Unter leichtem Schlagen rasch erhitzen und unter weiterem kräftigen Schlagen erkalten lassen. Die restlichen geriebenen Nüsse und zuletzt die steife Sahne darunterziehen.

Cremes und Glasuren

Zwiebelkuchen, Seite 183 und Salzkuchen, Seite 184 ▶

Vanillecreme

½ l Milch
6 EL Zucker
1 Päckchen Vanille-Pudding-Pulver
250 g Butter/Margarine

Aus Milch, Zucker und Puddingpulver einen Pudding kochen und bis zum Erkalten häufig umrühren. In einer Schüssel die Hälfte der Butter oder Margarine unter die Puddingmasse rühren, nach und nach die restliche Butter zugeben und zu einer glatten Creme verrühren. Am schnellsten geht das mit dem elektrischen Handrührgerät. Die Buttercreme läßt sich mit denselben geschmacksverändernden Zutaten wie auf Seite 174 angegeben variieren.
Die Vanillecreme kann auch aus einer Tortencreme-Mischung aus dem Paket hergestellt werden.

Mandel- oder Nußcreme

Vanille-Buttercreme wie oben
90 g geschälte, geriebene Mandeln
oder 90 g geröstete, fein geriebene Nußkerne

Unter die Creme die geriebenen Mandeln oder Nüsse, vermischt mit ca. ¼ Tasse heißem Wasser, rühren.

Spritzglasur

150 g Puderzucker
1 Eiweiß
1 EL Zitronensaft

Den gesiebten Zucker mit Eiweiß und Zitronensaft glattrühren. Am schnellsten geht das mit dem elektrischen Handrührgerät. In den Spritzbeutel füllen und auf das Gebäck aufspritzen.
Zum Färben anstelle von Zitronensaft Himbeer- oder Erdbeersirup oder farbige Liköre verwenden.

Schokoladen-Spritzglasur

150 g Puderzucker
1 Eiweiß
1 EL Zitronensaft
60 g Schokolade
oder 2 KL Kakao

Den gesiebten Zucker mit Eiweiß und Zitronensaft glattrühren. Erwärmte Schokolade oder Kakao daruntermischen.

Tomatenkuchen, Seite 185, Käsewindbeutel, Seite 188,
◀ Laugenbrezeln, Seite 193

Cremes und Glasuren

Einfache Glasuren

200 g Puderzucker
2–3 EL Flüssigkeit je nach Geschmack
evtl. 1–2 EL heißes Wasser

Den Puderzucker sieben, mit der Flüssigkeit glatt verrühren und mit einem breiten Messer auf dem noch warmen Gebäck verstreichen.

Zitronenglasur 2–3 EL Zitronensaft

Orangenglasur 2–3 EL Orangensaft

Arrakglasur 2–3 EL Arrak

Punschglasur 2–3 EL Rum

Eierlikörglasur 2–3 EL Eierlikör, 1 EL kochendes Wasser

Whisky-Glasur 2–3 EL Whisky

Vanille-Glasur

200 g Puderzucker
1 Päckchen Vanillinzucker
2 EL Arrak oder Zitronensaft
2 EL heißes Wasser

Den gesiebten Puderzucker mit Vanillinzucker, Arrak oder Zitronensaft und dem heißen Wasser so lange rühren, bis die Glasur dickflüssig ist.

Pink-Glasur

200 g Puderzucker
2 KL gemahlene, rote Gelatine
3 EL Erdbeer-, Himbeer- oder Kirschsirup

Den Puderzucker sieben, die gemahlene Gelatine dazugeben, mit dem Sirup glatt verrühren und mit einem breiten Messer auf dem noch warmen Gebäck verteilen.

Karamel-Glasur

2–3 EL Zucker
3–4 EL Milch
200 g Puderzucker

Den Zucker in der Pfanne ohne Fett leicht bräunen lassen, Milch dazugeben und gut durchkochen, bis sich der Karamel vollkommen aufgelöst hat. Den gesiebten Puderzucker mit der heißen Karamelmilch verrühren.

Eiweiß-Glasur

200 g Puderzucker
1 Eiweiß

Den gesiebten Puderzucker mit dem Eiweiß glatt verrühren. Den dickflüssigen Guß mit einem breiten Messer auf dem kalten Gebäck verteilen.

Eiweiß-Schokoladenglasur

200 g Puderzucker
1 Eiweiß
125 g bittere Schokolade

Den gesiebten Puderzucker mit dem Eiweiß glattrühren, geriebene, erwärmte Schokolade daruntermischen. Eventuell mit 1–2 Eßlöffeln Wasser verdünnen.

Mokka-Glasur

250 g Puderzucker
2 EL Nescafé
2–4 EL heißes Wasser
evtl. 1 Eiweiß

Den Nescafé im heißen Wasser auflösen und mit dem gesiebten Puderzucker und dem Eiweiß glatt verrühren.

Schokoladenglasur

200 g Puderzucker
3 EL Kakao
3 EL Wasser
1 EL Palmin oder Biskin

Puderzucker und Kakao vermischen, mit heißem Wasser glattrühren und dann das flüssige, aber nicht mehr heiße Kokosfett darunterrühren.

Schokoladenglasur mit Kuvertüre

90 g Kuvertüre
175 g Zucker
1/8 l Wasser

Die Kuvertüre im Wasserbad auflösen. Den Zucker mit dem Wasser zum dünnen Faden kochen, langsam unter die aufgelöste Kuvertüre mischen und die Glasur so lange schlagen, bis sich eine Haut bildet. Im Wasserbad stehen lassen, damit sie dickflüssig bleibt.

Zuckerglasur

150 g Zucker oder Puderzucker
3 EL Wasser

Den Zucker mit dem Wasser so lange unter Rühren kochen, bis die Flüssigkeit klar ist und sich auf der Oberfläche eine ziehende Haut bildet. Dann sofort heiß mit einem feinen Pinsel auf das noch warme Gebäck auftragen. Diese Glasur deckt zwar nicht vollständig, gibt aber jedem Hefe- oder Rührgebäck (auch Kleingebäck) ein leckeres Aussehen.

Pikantes Gebäck

Zwiebelkuchen

Mürbteig:
60 g Schweineschmalz
200 g Mehl
1 Prise Salz
1 KL Backpulver
$1/10$ l Milch oder Wasser

oder Hefeteig:
$1/2$ Würfel oder $1/2$ Päckchen Hefe
$1/8$ l Milch
200 g Mehl
80 g Butter/Margarine
1 Prise Salz
1 Ei

Füllung:
8 große Zwiebeln
60 g Räucherspeck
oder Schmalzgrieben
30 g Butter/Margarine
60 g Mehl
$1/4$ l saure Sahne
2–4 Eier
Salz, 1 EL Kümmel
Butterflöckchen

Für den Mürbteig das Schmalz leicht schaumig rühren, die anderen Zutaten nach und nach untermischen und den Teig ca. 1 Stunde kühl stellen.
Oder einen Hefeteig aus den nebenstehenden Zutaten nach dem Grundrezept zubereiten und gehen lassen.
Für die Füllung die Zwiebeln schälen, klein schneiden und mit dem würfelig geschnittenen Speck oder den Grieben in der Butter glasig dämpfen. Das Mehl mit der Sahne glattrühren, Eigelb, Salz, Kümmel und die etwas abgekühlten Zwiebeln untermischen, den steifen Eischnee leicht unterziehen.
Den Mürbteig oder den gut gegangenen Hefeteig auswellen, in eine gefettete Springform legen und den Rand gut andrücken. Die Füllung auf der Teigplatte gleichmäßig verteilen und Butterflöckchen daraufsetzen. Im vorgeheizten Backofen ca. 40 Minuten backen. Zwiebelkuchen schmeckt nur warm!

E.Herd 200–225 / G.Herd 3–4

Kleiner Tip: Von der Sahne-Ei-Mischung etwas zurückbehalten und zuletzt über die Zwiebelfüllung gießen. Die Oberfläche des Kuchens sieht dann schön gebräunt aus – siehe Foto Seite 177.

Quiche Lorraine (Lothringer Kuchen)

Mürbteig:
200 g Mehl
100 g Butter/Margarine
1 Ei, 1 Prise Salz
oder 1 Packung Tiefgefrierblätterteig
100 g Rauchfleisch oder
Räucherspeck
Füllung:
75 g Butter/Margarine
2 EL Mehl
¼ l Milch oder saure Sahne
2 Eier, 100 g geriebener Käse

Den Mürbteig nach Grundrezept zubereiten, auswellen, in eine gefettete Springform legen und den Rand gut andrücken. Oder den nach Anweisung auf der Packung zubereiteten Blätterteig in der mit Wasser befeuchteten Kuchenform ausbreiten. Die Teigplatte mit Rauchfleisch- oder Speckscheiben belegen. Aus den für die Füllung angegebenen Zutaten eine dicke Käsesoße zubereiten und über die Speckscheiben gießen. Im vorgeheizten Backofen ca. 30 Minuten backen. Heiß servieren.

E.Herd 200–225 / G.Herd 3–4

Salzkuchen

Hefeteig-Grundrezept,
halbe Menge ohne Zucker
Belag:
je ⅛ l süße und saure Sahne
50 g Butter
1–2 Bund Schnittlauch
Grün von 2–3 Frühlingszwiebeln
1 KL Salz, 2 KL Kümmel
250 g kleine Grieben
6 EL feingehackte, in Schmalz
gedünstete Zwiebeln

Den Hefeteig zubereiten und gut gehen lassen. Ein Kuchenblech mit hohem Rand fetten und den Teig dünn ausgewellt hineinlegen, nochmals gehen lassen. Für den Belag die Sahne mit der flüssigen Butter verrühren und auf den Teig streichen. Den Schnittlauch und das Grün der jungen Zwiebeln sehr fein schneiden, auf dem Teig verteilen und mit Salz und Kümmel würzen. Die Grieben mit den Zwiebelstückchen vermischen und auf den Kuchen streuen. Den Salzkuchen im vorgeheizten Backofen ca. 35-40 Minuten backen.

E.Herd 200–225 / G.Herd 3–4

Den Kuchen sofort nach dem Backen in nicht zu große Stücke schneiden und warm servieren.

Variante: »Dünn-Röhrles-Kuchen«
Zur Sahne und Butter das fein geschnittene Grün von etwa 8 jungen Zwiebeln, 1 KL grobes Salz, 2 KL Kümmel, sowie 2 große, fein gehackte und in Schmalz gedünstete Zwiebeln auf den Kuchen geben. Wer es noch herzhafter liebt, kann noch festen Kräuterkäse darüberreiben.

Tomatenkuchen

Quarkblätterteig, Seite 104
Belag:
ca. 12 kleine Tomaten
200 g gekochter Schinken
20 g Butter
2 EL Mehl
ca. ¼ l Wasser
⅛ l süße Sahne
je 1 Prise Salz,
Pfeffer, Paprika
1 EL gehackte Petersilie
2 EL feingeschnittenes Grün
von Frühlingszwiebeln,
ersatzweise Schnittlauch
200 g geriebener Emmentaler
Butterflöckchen

Nach dem Rezept auf Seite 104 einen Quarkblätterteig herstellen. Den Teig gleichmäßig dick auswellen, in eine mit Backpapier ausgelegte Springform legen und den Teigrand an den Seiten hochziehen. Die Tomaten blanchieren und häuten, darauf achten, daß sie nicht zerfallen. Den Schinken sehr fein wiegen und auf den Tortenboden legen. Die Tomaten darauf setzen. Das Mehl in der Butter hellgelb anschwitzen, langsam Wasser und Sahne unterrühren und würzen. Falls Klümpchen entstanden sind, durch ein Sieb gießen. 150 g Emmentaler unter die Soße rühren und über die Tomaten gießen. (Die Soße darf nicht zu dünn sein!)
Den restlichen Reibkäse darüberstreuen, die Butterflöckchen aufsetzen und den Tomatenkuchen ca. 50 bis 60 Minuten backen.

E.Herd 200–225 / G.Herd 3–4

Pikante Blätterteigpastetchen

**Selbsthergestellter Blätterteig,
Seite 103 oder
1 Packung Tiefgefrier-
blätterteig,
1 Eiweiß**

Mit einer gezackten oder glatten Ringform (4–6 cm ⌀) doppelt so viele Scheiben ausstechen, wie Pastetchen gewünscht werden. Die Hälfte der Teigstücke als Böden mit der Oberseite nach unten auf ein kalt abgespültes Blech setzen und den Rand ganz außen vorsichtig mit geschlagenem Eiweiß bepinseln. Darauf achten, daß am Rand kein Eiweiß abfließt, damit die Böden überall gleichmäßig aufgehen.
Die zweite Hälfte der Blätterteigscheiben mit einem kleineren Förmchen in der Mitte lochen und als Rand auf die Böden setzen. Die kleinen Scheibchen werden als Deckel verwendet. Im vorgeheizten Backofen 25 bis 30 Minuten backen.

E.Herd 180–200 / G.Herd 2–3

Als Füllungen eignen sich die Cremes Seite 188.

Vollkornpastetchen

400 g frisch gemahlenes Vollkornmehl, 20 g Schwarzmehl
¼ l Wasser, 25 g Frischhefe oder 1 Päckchen Trockenhefe
1 KL Salz
400 g Pflanzenmargarine
1 Eiweiß zum Bepinseln

Einen Hefeblätterteig nach Grundrezept, Seite 36, zubereiten und wie im vorhergehenden Rezept ca. 20 Pastetchen backen.

Schinkenhörnchen

250 g Mehl
250 g Butter/Margarine
250 g Quark
1 Prise Salz
200 g gekochter Schinken
1 Eigelb, Kümmel

Mehl, Butter, Quark und Salz zu einem glatten Teig (vgl. Quarkblätterteig S. 104) kneten, auswellen und in kleine Dreiecke schneiden. In die Mitte ein wenig kleingeschnittenen Schinken geben und zu Hörnchen aufwickeln. Mit Eigelb bestreichen und mit Kümmel bestreuen. Im vorgeheizten Backofen ca. 20 Minuten backen.

E. Herd 200–225 / G. Herd 3–4

Die Schinkenhörnchen können auch mit Tiefgefrier-Blätterteig hergestellt werden.

Quarkhörnchen

200 g Speisequark
2 EL saure Sahne
2 Eier
½ KL Salz
40 g Butter
250–300 g Mehl
½ KL Backpulver
1 EL Öl
1 TL ganzer Kümmel

Den Quark mit der Sahne, den Eiern, Salz und nicht zu kalter Butter verrühren. Das Mehl mit Backpulver vermischen, zufügen und den Teig mit etwas Öl geschmeidig kneten. Zuletzt den Kümmel unterkneten und den Teig ca. 1 Stunde kalt stellen.

Füllung:
1 EL Öl
150 g gekochter Schinken
1 kleine Zwiebel
frisch gemahlener Pfeffer
1 verquirltes Ei

Zur Füllung den Schinken fein schneiden und zusammen mit der feingewürfelten Zwiebel im heißen Öl ca. 10 Minuten dämpfen. Sparsam mit etwas frisch gemahlenem Pfeffer würzen (wegen der Eigenschärfe des Schinkens) und die Füllung abkühlen lassen. Den Teig nicht zu dünn ausrollen und Dreiecke ausschneiden. Darauf die Füllung gleichmäßig verteilen und Hörnchen formen. Die Hörnchen mit Eigelb bepinseln und auf ein gefettetes Backblech setzen. Im vorgeheizten Backofen ca. 30 Minuten hellbraun backen.

E.Herd 200 / G.Herd 3

Gefüllte Hefetaschen

40 g Frischhefe
¼ l lauwarmes Wasser
1 Prise Zucker
500 g Mehl
4 EL Olivenöl oder Sonnenblumenöl, ½ KL Salz
Füllung:
200 g Schinkenspeck oder roher Schinken
20 g Butter oder Öl (2 EL)
2 große Zwiebeln
1 Knoblauchzehe
3 große Tomaten
2 EL Tomatenmark
2 EL Herbes de Provence, zerrieben
1 Lorbeerblatt
250 g frische Champignons oder 2 Handvoll getrocknete Steinpilze
frisch gemahlener Pfeffer
½ KL Salz
1 EL frische, gehackte Basilikumblättchen
200 g geriebener Parmesan

Nach Grundrezept einen Hefeteig zubereiten, jedoch anstelle von Butter Öl verwenden. den Teig gut aufgehen lassen.
Für die Füllung den Schinkenspeck kleinwürfelig schneiden und im heißen Fett zusammen mit den Zwiebelwürfeln und kleingehackter Knoblauchzehe andämpfen. Die Tomaten blanchieren, enthäuten und die Kerne herausdrücken. Tomaten würfeln und zusammen mit dem Tomatenmark und den Kräutern zur Schinkenspeckmischung geben. Die Champignons feinblättrig schneiden – getrocknete Steinpilze ca. 15 Minuten in heißem Wasser vorweichen und dann etwas kleiner schneiden – und ebenfalls zugeben. Die Füllung würzen und unter ständigem Rühren bei geringer Wärmezufuhr ca. 10 Minuten durchköcheln. Dann das Lorbeerblatt herausnehmen und die Füllung abkühlen lassen, bis sie lauwarm ist.
Aus dem Hefeteig Kugeln von Schneeballgröße formen und nochmals gehen lassen. Die Kugeln zu Teigstücken von ca. 10 cm ⌀ ausrollen und auf die Mitte etwa 1 Eßlöffel von der Füllung geben. Mit frisch geriebenem Käse bestreuen, den Teig über die Füllung hochziehen und an der Spitze gut zusammendrücken. Die Hefetaschen auf ein gefettetes Backblech setzen, nochmals ca. 15 Minuten gehen lassen und im vorgeheizten Backofen ca. 25–30 Minuten backen.

E.Herd 225–250 / G.Herd 4–5

Käsewindbeutel

¼ l Wasser
50 g Butter/Margarine
1 Prise Salz
150 g Mehl
4 Eier
80 g geriebener Parmesan oder Schweizer Käse

Den Brandteig mit dem Käse nach Grundrezept (Seite 107) zubereiten. Mit zwei Kaffeelöffeln walnußgroße Teighäufchen formen, auf einem gefetteten, mit Mehl bestäubten Backblech im vorgeheizten Backofen 30–40 Minuten backen.

E.Herd 200–225 / G.Herd 3–4

Die abgekühlten Windbeutel quer durchschneiden und mit einer der folgenden Cremes füllen:

Quark-Nuß-Creme
250 g Sahnequark
125 g Parmesan
125 g geriebene Haselnüsse

Gorgonzola-Creme
200 g Sahnequark
100 g Butter
150 Gorgonzola
etwas Joghurt
Salz/Pfeffer

Käse-Kräuter-Creme
2 Ecken Doppelrahm-Frischkäse
1 Tasse Joghurt
Salz, Paprika
3 EL gehackte Kräuter

Alle Zutaten cremig rühren.

Salzmandeln

250 g Mandeln
20 g Butter
oder 1 EL Öl
etwas Salz

Gleichmäßig große, gut verlesene Mandeln heiß überbrühen, schälen, kalt abbrausen und gut trocknen lassen. Eine Bratpfanne erhitzen und die Mandeln mit Butter oder heißem Öl unter Rühren langsam darin hellbraun rösten. Noch heiß mit Salz bestreuen und auf ein Löschpapier zum Trocknen ausbreiten.

Käsekekse

100 g Mehl
70 g Butter/Margarine
4 EL saure Sahne
100 g geriebener Parmesan oder Schweizer Käse
je 1 Prise Salz und Paprika

2 Eigelb

geschälte, halbierte Mandeln
Kümmel zum Bestreuen

Die Zutaten (2 EL geriebenen Käse zum Bestreuen zurückbehalten) rasch zu einem Mürbteig nach Grundrezept verarbeiten und $1/4$ Stunde ruhen lassen. Dann messerrückendick auswellen, die ganze Fläche mit Eigelb überpinseln, den restlichen geriebenen Käse aufstreuen, runde Plätzchen oder Dreiecke ausstechen und mit den Mandeln verzieren oder mit Kümmel bestreuen. Im vorgeheizten Backofen ca. 20 Minuten backen.

E.Herd 200–225 / G.Herd 3–4

Die Kekse können folgendermaßen gefüllt werden:

Käsecreme:
2 EL Mondamin
$1/4$ l Milch
je 1 Prise Salz, Paprika und Muskat
80 g geriebener Parmesan oder Schweizer Käse
30 g Butter/Margarine
1 Eigelb

oder Käsecreme:
2 EL geriebener Käse
1 Eigelb
etwas Salz und Paprika
$1/8$ l saure Sahne

Zur Käsecreme das Mondamin mit der Milch glattrühren, kurz aufkochen und etwas abkühlen lassen. Gewürze, Käse, Butter und das verquirlte Eigelb zufügen, bis zum Kaltwerden schlagen und auf die abgekühlten Käsekekse streichen. Jeweils zwei gleichgeformte Kekse aufeinandersetzen, Kümmelseite nach oben.

Oder zur anderen Käsecreme den geriebenen Käse mit dem Eigelb verrühren, etwas Salz und Paprika zugeben und unter die geschlagene Sahne mischen.

Brote und Brötchen

Sauerteig

**100 g Roggenmehl (Type 1150 oder 1370)
oder Roggenschrot
gut ⅛ l lauwarmes Wasser
oder Buttermilch
1 EL Zucker
evtl. 1 KL gemahlener Kümmel**

Das Roggenmehl mit dem Wasser und Zucker gut vermischen und in einem hohen Gefäß (z. B. Einmachglas) an einem gleichmäßig warmen Ort gehen lassen. Jeden Tag mit etwas lauwarmem Wasser kurz durcharbeiten. Nach etwa 2 bis 3 Tagen ist der Sauerteig gebrauchsfertig – er riecht dann mild sauer.

Wer häufig Brot bäckt, behält zweckmäßig etwas fertigen Teig zurück, der sehr gut eingefroren werden kann und einen Tag vor Verwendung aufgetaut und mit etwas lauwarmem Wasser durchgearbeitet wird.

Roggenbrot (mit Sauerteig)

**1½ kg Roggenmehl (Type 1150 oder 1370)
40 g Hefe, 1 KL brauner Zucker
1–1½ l lauwarmes Wasser
150 g Sauerteig, vom Bäcker, aus dem Reformhaus oder selbst angesetzt
4 KL Salz, evtl. 1–2 EL Kümmel**

Das Mehl in eine Schüssel sieben. Die Hefe mit etwas lauwarmem Wasser und Zucker verrühren, zum Mehl geben und die Schüssel abgedeckt in die Wärme stellen. Nach ca. 15 Minuten das restliche Wasser, den Sauerteig, Salz und falls gewünscht, den Kümmel zugeben und den Teig kräftig durchkneten. Nun den Teig zugedeckt einige Stunden ruhen lassen – am besten über Nacht. Nochmals durchkneten und zu einem Laib formen, auf ein gefettetes Blech legen und ca. 30 Minuten gehen lassen. Das Brot mit lauwarmem Wasser bepinseln und im vorgeheizten Backofen ca. 60–70 Minuten backen. Eine Tasse Wasser mit in den Backofen stellen.

E.Herd 200–225 / G.Herd 3–4

Nach dem Backen das noch warme Brot evtl. mit einem Wasser-Speisestärke-Gemisch bestreichen, damit es glänzt.

Schrotbrot oder Vollkornbrot (Grahambrot)

25 g **Frischhefe** oder
1 **Päckchen Trockenbackhefe**
¼–½ **l Wasser** oder **Buttermilch**
500 g **Weizenschrot**
250 g **Roggenmehl**
1 **KL Salz**

Einen festen Hefeteig nach Grundrezept herstellen. Auf einem gefetteten Backblech oder in einer gefetteten Kapselform nochmals gehen lassen und im vorgeheizten Backofen langsam ca. 60–70 Minuten backen.

E.Herd 175–200 / G.Herd 2–3

Diabetiker-Brot

25 g **Frischhefe** oder
1 **Päckchen Trockenbackhefe**
¼ **l Wasser**
500 g **Diabetikermehl (Reformhaus)**
½ **KL Salz**
1 **KL Kümmel**

Nach Grundrezept einen festen Hefeteig herstellen. Auf einem gefetteten Backblech oder in einer gefetteten Kastenform nochmals gehen lassen und im vorgeheizten Backofen ca. 45 Minuten backen.

E.Herd 200–225 / G.Herd 3–4

Mischbrot (Graubrot)

40 g **Frischhefe** oder
2 **Päckchen Trockenbackhefe**
¼–½ **l Wasser**
500 g **Roggenmehl**
500 g **Weizenmehl**
1 **KL Salz**

Die zerbröckelte Hefe in ¼ l lauwarmem Wasser auflösen und mit Mehl zu einem dünnen Teig verrühren. Wenn der Vorteig gegangen ist, das restliche Mehl, Salz und soviel lauwarmes Wasser darunterkneten, daß ein fester Hefeteig entsteht (vgl. Grundrezept).
Den Teig in einem mehlbestäubten Körbchen gehen lassen, bis er sich etwa verdoppelt hat. Dann auf einem gefetteten Backblech im vorgeheizten Backofen ca. 50 Minuten backen. Eine Tasse heißes Wasser dazu stellen – der Luftfeuchtigkeit wegen. Kurz vor dem Ende der Backzeit das Brot mit Wasser bestreichen, damit es schön knusprig wird.

E.Herd 200–225 / G.Herd 3–4

Kraftbrot mit Haferflocken

25 g Hefe oder 1 Päckchen Trockenbackhefe
ca. $^3/_8$ l Wasser oder mehr
750 g Weizenmehl, 1 EL Salz
250 g grobe Haferflocken
20–30 g Butter oder Margarine
250 g gekochte Kartoffeln.

Inmitten des Mehles mit Wasser und Hefe einen Vorteig anrühren. Wenn dieser gut gegangen ist, alle Zutaten unterkneten, bis der Teig Blasen zeigt. Teig teilen, in gut gefettete Formen geben, gehen lassen und im vorgeheizten Backofen ca. 60–75 Minuten backen.

E.Herd 200–225 / G.Herd 3–4

Eine Tasse Wasser mit in den Backofen stellen, damit das Brot nicht zu trocken wird.

Kapselbrot Malakoff (Kümmelbrot ohne Rinde)

25 g Frischhefe oder 1 Päckchen Trockenbackhefe
⅛ l Milch
375 g Weizenmehl
30 g Butter/Margarine
1 EL Kümmel
½ KL Salz

Den Hefeteig nach Grundrezept zubereiten und gehen lassen. Eine Kapsel (Kastenform) mit Deckel oder eine festschließende Pastetenform gut ausfetten und den Teig einlegen. Er soll die Kapsel oder Form nur zur halben Höhe ausfüllen, damit er beim Backen aufgehen kann und nicht überquillt. Nochmals gehen lassen.
In einem großen Topf im leicht strudelnden Wasserbad auf dem Herd in ca. 1½ Stunden garen oder im vorgeheizten Backofen ca. 50 Minuten backen.

E.Herd 200–225 / G.Herd 3–4

Englisches Kapselbrot (Toastbrot)

25 g Frischhefe oder 1 Päckchen Trockenbackhefe
¼ l Milch, 1 KL Zucker
500 g Weizenmehl
30 g Butter/Margarine
1 KL Salz

Die Hefe in ⅛ l Milch auflösen und mit etwas Mehl und Zucker zu einem Vorteig anrühren. Nach dem Gehen das restliche Mehl, die Milch, Butter oder Margarine und Salz daruntermischen, einen festen Hefeteig nach Grundrezept herstellen und gehen lassen.
Dann auf dem bemehlten Backbrett nochmals gut durchkneten und in einer gefetteten Kapsel (Kastenform) nochmals gehen lassen. Im vorgeheizten Backofen ca. 45 Minuten backen.

E.Herd 200–225 / G.Herd 3–4

Laugenbrezeln (10–12 Stück)

25 g Frischhefe oder
1 Päckchen Trockenbackhefe
evtl. 5 g Backmalz
(vom Bäcker)
¼ l Wasser
500 g Mehl
20 g (1 EL) Butter/Margarine
½ KL Salz

⅛ l Lauge (vom Bäcker)
grobes Salz

Einen festen Hefeteig nach Grundrezept kneten. Auf einem bemehlten Backbrett den Teig zu einer langen Wurst rollen und in 20–22 gleichmäßige Stücke schneiden. Jedes Stück zu einer Länge von ca. 50 cm ausrollen. Die Enden sollen auf je 15 cm Länge kaum bleistiftdünn sein (damit sie recht knusprig werden), die Mitte der Rolle soll doppelt so dick sein. Dann zu Brezeln schlingen und auf dem Backbrett in der Wärme gehen lassen.
Wenn sich die Brezeln weich und voll anfühlen, das Brett mit den Brezeln in kühle Zugluft stellen (am besten ins Freie), bis die Brezeln abgestanden sind, d. h. die Oberfläche hart geworden ist. Jede Brezel einzeln in die 1:8 mit Wasser verdünnte Lauge tauchen, mit Salz bestreuen, an der dicken Stelle längs einschneiden und auf ein gefettetes Backblech setzen. Die Brezeln im vorgeheizten Backofen auf der untersten Schiene in 20–30 Minuten backen. Auf einem Gitter auskühlen lassen.

E.Herd 225–250 / G.Herd 4–5

Salzstangen oder Bierstengel (ca. 20 Stück)

15 g Frischhefe
⅛ l Milch
350 g Mehl
125 g Butter/Margarine
1–2 Eier, ½ KL Salz
Zum Bestreichen:
2 Eigelb
Zum Bestreuen:
grobes Salz und Kümmel

Aus den Zutaten nach Grundrezept einen Hefeteig zubereiten. Den Teig gut gehen lassen, zu einer Wurst formen und schmale Scheiben davon abschneiden. Diese zu etwa 15 cm langen, dünnen Stangen formen. Auf ein gefettetes Backblech (mit Abstand) legen, mit verquirltem Eigelb bestreichen und mit grobem Salz und Kümmel bestreuen. Im vorgeheizten Backofen ca. 12–15 Minuten backen.

E.Herd 200–225 / G.Herd 3–4

Mohnbrötchen / Mohnzöpfchen (12–16 Stück)

20 g Frischhefe oder
½ Päckchen Trockenbackhefe
⅛ l Milch
300 g Mehl
75 g Butter/Margarine
½ KL Salz

Eigelb oder Dosenmilch
Mohn

Den nach Grundrezept zubereiteten Hefeteig auf einem bemehlten Backbrett zu einer langen Wurst rollen und in 12–16 gleichmäßige Stücke schneiden. Jedes Stück zu runden oder langen Brötchen formen, etwas plattdrücken, auf ein gefettetes Backblech setzen und gehen lassen.
Für Mohnzöpfchen aus der langen Teigrolle kleinere gleichmäßige Stücke schneiden und zu 15–20 cm langen Strängen formen. Aus drei Strängen jeweils einen Zopf flechten, auf ein gefettetes Backblech setzen und gehen lassen.
Die Brötchen oder Zöpfchen mit Eigelb oder Dosenmilch bestreichen, dick mit Mohn bestreuen und im vorgeheizten Backofen 20–30 Minuten backen.

E.Herd 200–225 / G.Herd 3–4

Kümmelbrötchen (ca. 10 Stück)

20 g Frischhefe oder
½ Päckchen Trockenbackhefe
⅛ l Milch
300 g Mehl
75 g Butter/Margarine
1 Ei
1 Prise Salz
Zum Bestreichen:
Butterflöckchen
geriebener Parmesan oder
Emmentaler
1 Ei, Salz
1 EL Kümmel

Den nach Grundrezept zubereiteten Hefeteig auf einem bemehlten Backbrett zu einer langen Wurst rollen und gleichmäßige Stücke abschneiden. Runde Brötchen daraus formen, auf ein gefettetes Backblech setzen und gehen lassen. Jedes Brötchen überkreuz einschneiden, in die Öffnung ein Butterflöckchen und etwas geriebenen Käse geben, mit verquirltem Ei bestreichen, Salz und Kümmel darüberstreuen und im vorgeheizten Backofen 20–30 Minuten backen.

E.Herd 200–225 / G.Herd 3–4

Brote und Brötchen

Vollkornbrötchen

(ca. 15 Stück)

**40 g Frischhefe oder
1½ Päckchen Trockenbackhefe
¼ l lauwarmes Wasser
30 g Butter oder Margarine
1 KL Salz, 1 Prise Zucker
je 100 g Weizenmehl
(Type 1050)
und Weizenschrot
300 g Roggenmehl
(Type 1370)**

Einen Hefeteig mit Vorteig nach Grundrezept Ausklapptafel zubereiten. Den Teig gut gehen lassen. Eine Wurst formen, davon gleichgroße Stücke abschneiden und zu Brötchen formen. Die Brötchen leicht mit Mehl bestäuben, auf ein gefettetes Blech legen, nochmal ca. 30 Minuten gehen lassen. Im vorgeheizten Backofen ca. 25–30 Minuten backen.

E.Herd 200–225 / G.Herd 3–4

Zwiebelbrötchen

(ca. 15 Stück)

Mit demselben Grundteig zubereiten und in den Teig 8 Esslöffel Zwiebelwürfel, in etwas Schmalz golbgelb gedünstet, danach leicht bemehlt, einarbeiten.

Rosinen-Schrotbrot

**40 g Hefe oder 2 Päckchen
Trockenbackhefe
etwa ½ l Milch oder Wasser
1 Prise Zucker
1 kg Roggenschrot
125 g Speisestärke
125 g Weizenmehl
1 EL Salz, 250 g Rosinen**

Roggenschrot und Weizenmehl in eine große Schüssel geben und eine Vertiefung in die Mitte drücken. Aus Hefe, etwas Milch und Zucker einen Vorteig rühren, hineingeben und gehen lassen. Die Rosinen leicht mit Mehl überstäuben, damit sie beim Backen nicht nach unten sinken. Danach alle Zutaten unterkneten, in eine gefettete Form füllen und gut gehen lassen. Im vorgeheizten Backofen ca. 60–90 Minuten backen (die Hölzchenprobe machen) und vor dem Herausnehmen mit Wasser bestreichen, damit es glänzt. Auf ein Gitter stürzen. Abgekühlt, in Alufolie eingeschlagen, bleibt das Rosinen-Schrotbrot längere Zeit frisch.

E.Herd 200–225 / G.Herd 3–4

Früchtebrot (Hutzel- oder Schnitzbrot)

500 g getrocknete Birnenschnitze
500 g getrocknete Zwetschgen
500 g getrocknete Feigen
40 g Frischhefe oder
2 Päckchen Trockenbackhefe
⅛–¼ l Schnitzbrühe
125 g Zucker
500 g Mehl
je 1 KL Salz, Anis, Fenchel, Zimt
1 Prise gemahlene Nelken
250 g Sultaninen
250 g Korinthen
300 g Walnußkerne
200 g Haselnußkerne
je 50 g Zitronat, Orangeat
2 EL Kirsch- oder Zwetschgenwasser

Glasur:
¼ l Schnitzbrühe
1 EL Mondamin, 2–4 EL Zucker

Nußkerne, Mandeln
kandierte Früchte

Am Vorabend das Dörrobst (Birnen, Zwetschgen und Feigen) einweichen. Am anderen Tag die Birnenschnitze in der Einweichbrühe nicht zu weich kochen (Schnitzbrühe!) und heiß über die entsteinten Zwetschgen und streifig geschnittenen Feigen gießen, zugedeckt abkühlen lassen.
Inzwischen die Hefe in lauwarmer Schnitzbrühe auflösen und aus Zucker, Mehl, Salz und Gewürzen nach Grundrezept einen festen Hefeteig kneten. Nach und nach die vorbereiteten Sultaninen, Korinthen, grobgehackten Nüsse, Zitronat und Orangeat und zuletzt die gut abgetropften, kleingeschnittenen Früchte und das Kirschwasser untermengen. Den Teig mit Mehl bestäuben und in der Wärme so lange gehen lassen, bis das Mehl Risse zeigt. Dann kleine Laibe formen und auf einem gut gefetteten Backblech im vorgeheizten Backofen ca. 60 Minuten backen.

E.Herd 175–200 / G.Herd 2–3

Zur Glasur die Schnitzbrühe mit dem kalt angerührten Mondamin und Zucker aufkochen und die warmen Früchtebrote damit überziehen. Die noch feuchte Oberfläche mit Nußkernen, Mandeln oder kandierten Früchten verzieren.

Einfaches Schnitzbrot

500 g getrocknete Birnenschnitze
250 g entsteinte Trockenzwetschgen
Birnenschnaps oder Obstler
Teig:
600 g Roggenmehl (Type 1150)
150 g Weizenmehl (Type 1050)
40 g Frischhefe
knapp ½ l lauwarmes Wasser oder Schnitzbrühe
1 KL Zucker
1 Beutel Natur-Sauerteig, erhältlich im Reformhaus
2 KL Salz
je 1 KL Anis und Zimt
½ KL gemahlene Nelken
200 g Haselnußkerne

Die Birnen über Nacht in genügend Wasser einweichen (oder einweichen und ca. 30 Minuten im Einweichwasser kochen). Am nächsten Tag gut abtropfen lassen, zusammen mit den Zwetschgen in feine Streifen schneiden und mit Schnaps beträufeln.

Mehl in eine Schüssel sieben, eine Handvoll Mehl zurückbehalten. In die Mitte des Mehls eine Mulde drücken. Die in einem Teil Wasser (oder Schnitzbrühe) zusammen mit dem Zucker aufgelöste Hefe hineingeben und den Vorteig ca. 15 Minuten gehen lassen. Den Sauerteig im Wasserbad handwarm werden lassen und zusammen mit dem restlichen Wasser, dem Salz und den übrigen Gewürzen unter den Teig kneten. Die Handvoll Mehl unter die Zwetschgen und Birnenschnitze mischen und zusammen mit den geviertelten Haselnüssen in den Teig einarbeiten. Den Teig in Ruhe gehen lassen. Einen großen Brotlaib oder 2 kleinere Laibe formen, auf ein gut gefettetes Blech legen, kurz ruhen lassen und dann im vorgeheizten Backofen backen: großer Laib ca. 90–120 Minuten, kleine Laibe ca. 50–60 Minuten. Eine Tasse Wasser mit in den Backofen stellen, dann bleibt das Brot saftig.

E.Herd 200–225 / G.Herd 3–4

Das Schnitzbrot kann ebenso wie das Früchtebrot mit Glasur überzogen werden.
Das Schnitzbrot einige Tage in Alufolie eingeschlagen kühl aufbewahren, dann kann es seinen Geschmack besser entwickeln.

Backen mit Fertigprodukten – schnell und leicht

Fertigprodukte, die das Backen erleichtern, gibt es schon, seit Hermine Kiehnle ihr Buch »Kleinbackwerk« – einen Vorläufer dieses Buches – schrieb. Es war ein einfaches Produkt, das aus den heutigen Rezepten kaum noch wegzudenken ist: Backpulver.

Seither bietet die Industrie mit ständig neuen Backprodukten immer mehr Service: Tiefgefrierteige füllen die Truhen der Lebensmittelhändler und fertige Backmischungen stehen in nie gekannter Vielfalt in den Regalen.

Fertigprodukte bieten nicht zu unterschätzende Vorteile: Zeitersparnis; geringere Vorratshaltung (da nicht viele verschiedene Zutaten in größeren Packungen aufbewahrt werden müssen), Reste, die verderben könnten, fallen daher nicht an; sorgfältige und geschmacklich gute Abstimmung der Zutaten und Gewürze; einfachere Zubereitung. Der Nachteil des höheren Preises wird meistens durch die Zeitersparnis ausgeglichen – man sollte die Arbeitszeit der Hausfrau finanziell nicht zu niedrig bewerten!

Fast ein Drittel aller Haushalte nützt diese Vorzüge und bäckt mit fertigen Backmischungen – hauptsächlich jüngere Hausfrauen unter 40 Jahren, berufstätige Hausfrauen und 1-Personen-Haushalte. Auch wenn es sich nicht um Original-Kiehnlerezepte handelt, bietet daher das folgende Kapitel Rezepte für Fertigmischungen und Tiefgefrierprodukte, die als Beispiel für eine Vielzahl von Möglichkeiten dienen – insbesondere auch für weniger erfahrene Bäckerinnen und Bäcker, Junggesellen und – nicht zu vergessen – Kinder, die mit fertigen Backmischungen hervorragende Kuchen »zaubern« können. Wer nach einiger Zeit die nötige Erfahrung gewonnen hat, der kann problemlos auch die vielen traditionellen Rezepte dieses Buches als Anregung für den Einsatz von fertigen Backmischungen nehmen.

Hefezopf

1 Paket Backmischung Hefeteig
125 ml (ca. ⅛ l) lauwarmes
Wasser, 1 Ei
150 g Sultaninen
geriebene Schale von 1 Zitrone
1–2 EL Dosenmilch
50 g Mandelblättchen
Glasur:
125 g Puderzucker
2 EL Zitronensaft, 1 EL Wasser

Den Hefeteig nach Anweisung auf dem Paket zubereiten und gehen lassen. Sultaninen und abgeriebene Zitronenschale unter den Teig kneten. Den Teig in drei gleichmäßige Teile schneiden und ca. 30 cm lange Rollen formen. Einen Zopf daraus flechten und auf dem gefetteten Backblech nochmals 20 Minuten gehen lassen. Den Zopf mit Dosenmilch bestreichen und die Mandelblättchen darüberstreuen. Im vorgeheizten Backofen 25–30 Minuten backen.

E.Herd 200–225 / G.Herd 3–4

Zur Glasur Zucker, Zitronensaft und Wasser glattrühren und sofort nach dem Backen den heißen Hefezopf damit glasieren. Dieser Hefezopf läßt sich auch nach dem Grundrezept für Hefeteig oder aus Tiefgefrier-Hefeteig zubereiten.

Rosenkuchen

1 Packung Tiefgefrier-Hefeteig
200 g Marzipanmasse
2 EL Rum
2–3 EL Wasser
50 g Rosinen
Dosenmilch

Den Tiefgefrier-Hefeteig nach Anweisung vorbereiten. Nach dem ersten Aufgehen nochmals gut durcharbeiten und auf ca. 20 × 45 cm ausrollen. Die Marzipanmasse mit Rum, Wasser und Rosinen verrühren und auf die Teigplatte streichen. Den Teig der Länge nach ganz locker aufrollen und in ca. 10 Scheiben schneiden. Diese lose nebeneinander in eine gut gefettete Springform (20 cm Durchmesser) legen und an einem warmen Ort nochmals gehen lassen. Dosenmilch darüberstreichen und im vorgeheizten Backofen ca. 30 Minuten backen.

E.Herd 200–225 / G.Herd 3–4

Der Hefeteig läßt sich ebenso gut nach dem Grundrezept oder aus der Backmischung zubereiten.

Butter-Zucker-Kuchen

1 Paket Backmischung Hefeteig
125 ml lauwarmes Wasser
1 Ei
125 g Butter
125 g Zucker
1 Päckchen Vanillinzucker
40 g Mandelblättchen

Den Hefeteig nach Anweisung auf dem Paket zubereiten und gehen lassen. Fingerdick auf einem gefetteten Backblech ausrollen und Vertiefungen in den Teig drücken (petzen). Butterflöckchen in die Vertiefungen verteilen, Zucker, Vanillinzucker und Mandelplättchen gleichmäßig über die Teigfläche streuen. Nochmals gehen lassen und im vorgeheizten Backofen 20–25 Minuten backen.

E.Herd 200–225 / G.Herd 3–4

Der Hefeteig kann auch aus Tiefgefrier-Hefeteig oder nach dem Grundrezept hergestellt werden.

Streuselkuchen

1 Paket Backmischung Hefeteig
125 ml lauwarmes Wasser
1 Ei

Streusel:
150 g Butter
200 g Zucker
200 g Mehl
1 Päckchen Vanillinzucker
oder 1 KL Zimt

Den Hefeteig nach Anweisung auf dem Paket zubereiten und auf ein gefettetes Backblech ½ cm dick ausrollen. Zu den Streuseln die in Flöckchen zerteilte Butter mit Zucker und Mehl, Vanillinzucker oder Zimt locker zwischen den Fingern vermischen und krümeln bis sich Streusel gebildet haben. Auf die Teigplatte streuen und nochmals 20 Minuten gehen lassen. Im vorgeheizten Backofen 20–25 Minuten backen.

E.Herd 200–225 / G.Herd 3–4

Haselnußkranz

1 Paket Backmischung Hefeteig
125 ml lauwarmes Wasser
1 Ei

Den Hefeteig nach Anleitung zubereiten und gehen lassen. Die Zutaten für die Füllung gut mischen. Den Teig ca. 30 × 40 cm ausrollen und mit der Füllung bestreichen. Von der breiten Seite her aufrollen, auf einem gefetteten Backblech einen Kranz formen und nochmals gehen lassen.

Füllung:
150 g gemahlene Haselnüsse
125 g Zucker
6 EL Dosenmilch oder Sahne
1 EL Rum
100 g Rosinen

Dosenmilch
50 g Mandelstifte

Den Kranz im Abstand von ca. 2 cm bis zur Mitte einschneiden, mit Dosenmilch bestreichen und mit Mandelstiften bestreuen. Im vorgeheizten Backofen 35–40 Minuten backen. Mit Puderzucker bestäuben.

E.Herd 200–225 / G.Herd 3–4

Eventuell noch heiß mit Zitronenglasur (S. 180) glasieren.

Nikolaus oder Hefemann (Stutenkerl)

1 Paket Backmischung Hefeteig
125 ml lauwarmes Wasser
1 Ei

Zum Bestreichen: 1 Eigelb
zum Bestreuen:
gehackte Mandeln

Hefeteig nach Anleitung auf der Packung zubereiten und gehen lassen.
Den aufgegangenen Hefeteig in zwei Teile teilen. Aus einem Teigstück ein längliches, oben abgerundetes Dreieck formen und ausrollen – das gibt die »Figur« des Nikolaus. Aus dem übrigen Teig Kopf, Mütze, Rucksack, Arm sowie zwei Schuhe formen und an das große Teigstück entsprechend ansetzen. Nochmals gehen lassen. Mit verquirltem Eigelb bestreichen und mit gehackten Mandeln verzieren. 20–25 Minuten backen.

E.Herd 200–225 / G.Herd 3–4

Orangen-Kokos-Kuchen

1 Paket Backmischung
Obstkuchenteig
125 g Butter/Margarine
1 Ei
oder Mürbteig-Grundrezept
4 Orangen
etwas Zucker und Zimt
1 EL gewürfelter, kandierter Ingwer
5 EL Kokosraspeln
3 EL süße Sahne, 1 Ei

Den Obstkuchenteig nach dem Mürbteig-Grundrezept oder nach Anleitung auf dem Paket zubereiten, in eine gefettete Springform (26 cm Durchmesser) geben und glattstreichen. Die Orangen schälen, in Scheiben schneiden oder würfeln und den Teig damit belegen. Mit Zucker, Zimt, Ingwer und Kokosraspeln bestreuen. Sahne und Ei verquirlen und über den Kuchen verteilen. Im vorgeheizten Backofen 55–60 Minuten backen.

E.Herd 200–225 / G.Herd 3–4

Saftiger Apfelkuchen

1 Paket Backmischung Obstkuchen
125 g Butter/Margarine
1 Ei
1 EL Wasser
4–5 mittelgroße Äpfel
3 EL brauner Zucker
Saft von 1 Zitrone

Den Obstkuchenteig nach Anweisung auf der Packung zubereiten. Eine Springform (Ø 26 cm) gut fetten und den Teig hineinfüllen. Die Äpfel in feine Schnitze schneiden und mit Zitronensaft beträufeln, damit sie nicht braun werden. Den Teigboden eng mit den Apfelschnitzen belegen und Zucker darüberstreuen. Im vorgeheizten Backofen ca. 50 bis 60 Minuten backen.

E.Herd 200 / G.Herd 3

Weintraubentorte

1 Paket Backmischung Obstkuchenteig
125 g Butter/Margarine
1 Ei
1 EL kochendes Wasser
1 kg helle Weintrauben

Guß:
2 Eiweiß
6 EL Zucker
3 EL Mandelblättchen

Den Obstkuchenteig nach Anleitung auf dem Paket rühren, in die gefettete Springform (26 cm Durchmesser) geben und glattstreichen. Mit den Weintrauben dicht belegen.
Für den Guß die Eiweiß steif schlagen, den Zucker nach und nach dazugeben und die Mandelblättchen darunterheben. Den Guß auf den Weintrauben verteilen und die Torte im vorgeheizten Backofen 60–70 Minuten backen.

E.Herd 175–200 / G.Herd 2–3

Die Torte gut auskühlen lassen, bevor sie angeschnitten wird. Der Mürbteig kann auch nach dem Grundrezept hergestellt werden.

Zwetschgenkuchen (Pflaumenkuchen)

1 Paket Backmischung Hefeteig
125 ml lauwarmes Wasser
1 Ei
oder Hefeteig-Grundrezept
(½ Menge)
1½ kg frische Pflaumen
2–3 EL Semmelbrösel
50 g Mandelstifte
2–3 EL Zucker

Den Hefeteig nach Anweisung auf dem Paket oder nach dem Grundrezept zubereiten und auf ein gefettetes Backblech ½ cm dick ausrollen. Die Pflaumen waschen, entsteinen und an beiden Enden etwas einschneiden. Die Semmelbrösel auf die Teigplatte streuen und dicht (schuppenartig) mit den Pflaumen belegen. Die Mandelstifte darüberstreuen und im vorgeheizten Backofen 30–35 Minuten backen. Den Zucker sofort nach dem Backen über den heißen Pflaumenkuchen streuen.

E.Herd 200–225 / G.Herd 3–4

Französischer Apfel-Biskuit

1 Paket Backmischung Biskuit
3 Eier, 50 ml Wasser
2 große Äpfel
Apfelgelee
Puderzucker

Die Biskuitmasse nach Anweisung auf dem Paket schlagen. Die Äpfel schälen, vierteln, Kerngehäuse entfernen, auf der Rohkostreibe grob raspeln und unter den Teig mischen. Den Boden einer Springform (24–26 cm Durchmesser) fetten. Den Teig einfüllen und glattstreichen. Im vorgeheizten Backofen 35–40 Minuten backen und auskühlen lassen.

E.Herd 175–200 / G.Herd 2–3

Das Apfelgelee mit einem spitzen Messer gitterförmig auf dem Biskuit verteilen und mit Puderzucker bestäuben.
Der Biskuit kann auch nach dem Grundrezept hergestellt werden.

Orangen-Biskuit-Savarin

1 Paket Backmischung Biskuit
3 Eier
50 ml Wasser
abgeriebene Schale von
1 Orange

¼ l Orangensaft
2 EL Cointreau
oder Grand Marnier
2 EL Puderzucker
Orangenspalten ohne Haut

Den Biskuitteig nach Anweisung auf dem Paket schlagen, zuletzt die abgeriebene Orangenschale daruntergeben. Den Boden einer Kranzform (24 cm Durchmesser) fetten und die Teigmasse einfüllen, glattstreichen und im vorgeheizten Backofen 30–35 Minuten backen.

E.Herd 175–200 / G.Herd 2–3

Etwas abkühlen lassen und stürzen, an der Oberfläche oft einstechen.
Orangensaft, Cointreau und Puderzucker verrühren, damit den Biskuit öfter beträufeln. Der Saft zieht ein und macht ihn fruchtig.
Zum Anrichten die Orangenspalten in der Mitte aufhäufen, eventuell noch ein paar Tropfen Cointreau darüberträufeln und mit Puderzucker bestäuben.
Der Savarin kann auch nach dem Grundrezept für Biskuit hergestellt und mit beliebigen gedünsteten oder tiefgefrorenen Früchten gefüllt werden.

Nougat-Kranz

1 Paket Backmischung Haselnußkuchen
100 g Butter/Margarine
2 Eier
75 ml Wasser (ca. 5–6 EL)
50 g Zimt-Glasur aus der
Packung
Füllung:
400 g Nougat-Rohmasse
100 g Butter
50 g Zimt-Glasur aus der
Packung
4 EL Wasser
Garnitur:
75 g gehobelte Haselnüsse

Den Haselnußkuchenteig nach Anweisung cremig rühren. In eine gefettete Kranzform (Ø 25 cm) füllen und glattstreichen. Im vorgeheizten Backofen ca. 50 bis 60 Minuten backen.

E.Herd 175 / G.Herd 2–2½

Für die Füllung die Nougat-Rohmasse im Wasserbad schmelzen, zerlassene Butter, Zimt-Glasur und Wasser zugeben und glattrühren.
Den ausgekühlten Haselnußkranz viermal horizontal durchschneiden, jede Lage mit der Nougatcreme bestreichen und wieder zusammensetzen. Mit der restlichen Creme den Kranz außen bestreichen und mit den leicht angerösteten Haselnüssen bestreuen. Vor dem Anschneiden kühl stellen.

Kokos-Ananas-Ring

1 Packung Backmischung
Jamaica-Torte
100 g Butter/Margarine
3 Eier
125 ml Wasser (ca. ⅛ l)
10 g Schokoflocken aus der
Packung
1 kleine Dose
Ananas (230 g)
Garnitur:
Zuckerblümchen
Kokosflocken

Den Schokoladenteig nach Anleitung auf der Packung cremig rühren und die Schokoflocken untermischen. Eine Kranzform (Ø 25 cm) fetten und die Hälfte des Teigs einfüllen. Die Ananas gut abtropfen lassen und klein schneiden. Die Kokos-Baiser-Masse nach Anleitung zubereiten, etwa 1 Kaffeelöffel Kokosflocken zurückbehalten. Die Ananasstückchen unter die Kokosfüllung mischen und auf dem Schokoladenteig verteilen. Den restlichen Teig darübergeben und glattstreichen. Im vorgeheizten Backofen ca. 50 bis 60 Minuten backen.

E.Herd 175 / G.Herd 2–2½

Den gebackenen Ring etwas abkühlen lassen, dann aus der Form lösen und völlig erkalten lassen. Mit Schoko-Fettglasur überziehen und mit Kokosflocken und Zuckerblümchen verzieren. Dies ist ein beliebter Kinder-Geburtstag-Kuchen!

Marabella-Frucht-Torte

1 Packung Backmischung Marabella-Torte
185 g Butter/Margarine
3 Eier
1 EL Wasser
1 Dose Pfirsiche (850 g)
Glasur:
1–2 EL heißes Wasser
30 g zerlassene Butter/Margarine
½ Becher Schlagsahne

Den Schokoladen-Mürbteig nach Anleitung auf der Packung kneten. Eine Springform fetten (⌀ 26 cm), den Teig in Bodengröße auswellen und hineinlegen. Die Pfirsich-Maracuja-Füllung aus der Packung daraufstreichen, 1 cm Rand freilassen. Die Dosenpfirsiche sehr gut abtropfen lassen. Die Hälfte der Früchte in kleine Stückchen, die andere Hälfte in Schnitze schneiden. Den Vanilleteig nach Anleitung cremig rühren und die kleingeschnittenen Pfirsichstückchen untermischen. Auf der Fruchtfüllung verstreichen und die Torte ca. 50 bis 60 Minuten backen.

E.Herd 175 / G.Herd 2–2½

Die abgekühlte Torte nach Anleitung glasieren. Mit Schlagsahnetupfern und den restlichen Pfirsichschnitzen garnieren.

Triester Torte

1 Paket Backmischung Haselnußkuchen
100 g Butter/Margarine
2 Eier
75 ml kaltes Wasser

1 Glas (ca. 450 g) gutes Johannisbeergelee

Glasur:
150 g Puderzucker
2–3 EL Zitronensaft

Den Haselnußkuchenteig nach Anweisung auf dem Paket cremig rühren und die Glasurmischung aus dem Paket daruntermischen. Den Teig in eine gut gefettete Springform (26 cm Durchmesser) einfüllen und glattstreichen. Im vorgeheizten Backofen 50–60 Minuten backen.
Auskühlen lassen und kurz vor dem Füllen einmal quer durchschneiden. Das Johannisbeergelee etwas verrühren, 3 Eßlöffel davon zum Verzieren zurücklassen. Etwa ⅔ Johannisbeergelee auf den unteren Tortenboden streichen, die andere Tortenhälfte daraufdecken und leicht andrücken. Den Rest des Gelees auf die Oberfläche streichen.
Den Puderzucker mit dem Zitronensaft glattrühren, die Torte mit einem breiten Messer glasieren und mit kleinen Geleetupfen garnieren.

E.Herd 175–200 / G.Herd 2–3

Käswähe

1 Paket Tiefgefrierblätterteig
4 EL Semmelbrösel
250 g durchwachsener, geräucherter Schinkenspeck
250 g Lindenberger Scheibletten
1/8 l saure Sahne
3 Eier
Salz und Paprika

Den nach Anweisung aufgetauten Blätterteig in der Größe des Backbleches ca. 3 mm dick ausrollen, auf das mit Wasser befeuchtete Blech legen und die Ränder an den Seiten leicht hochdrücken. Mit Semmelbröseln bestreuen. Den in dünne kleine Scheiben geschnittenen Schinkenspeck und die geviertelten Scheibletten auf der Teigplatte verteilen. Sahne und Eier verquirlen, würzen und gleichmäßig über den Käse und Speck geben. Im vorgeheizten Backofen ca. 30 Minuten knusprig backen. Noch warm servieren.

E.Herd 200–225 / G.Herd 3–4

Käsestangen

1 Packung Tiefgefrier-Blätterteig
75 g geriebener Parmesan
1 Ei
Kümmel, Salz

Den nach Anweisung aufgetauten Blätterteig zu einer Platte von ca. 20 × 40 cm ausrollen. Den Käse auf die Hälfte der Platte streuen, die nicht bestreute Hälfte der Teigplatte darüberklappen und festdrücken. Wieder auf ca. 20 × 40 cm ausrollen, längs halbieren und in ca. 1 1/2 cm breite Streifen schneiden. Das verquirlte Ei darüberstreichen und mit Kümmel und Salz bestreuen. Die Streifen zu Spiralen aufdrehen und 15 Minuten auf einem kalt abgespülten Blech stehen lassen. Dann im vorgeheizten Backofen ca. 10 Minuten backen.

E.Herd 225–250 / G.Herd 4–5

Die Käsestangen gelingen ebenso gut aus Quarkblätterteig (Seite 104).

Rezepte von A bis Z

Albertle 159
Amerikaner 127
Ananas-Kokos-Ring 204
Ananas-Rouladen-Torte 95
Ananasstollen 54
Anisbrot 127
Apfel-Biskuit 203
Apfel-Käse-Kuchen 62
Apfelkrapfen 42
Apfelkuchen, gedeckt 61
Apfelkuchen, gestürzt 61
Apfelkuchen mit glasierten Äpfeln 60
Apfelkuchen mit Kartoffelguß 62
Apfelkuchen, saftig 202
Apfelkuchen, Salome 60
Apfelkuchen, schwäbisch 61
Apfelstrudel 110
Apfelstrudel, Wiener Art 109
Aprikosenkuchen 66
Aprikosenstollen 54
Arrakglasur 180
Aschkuchen 28
Ausstecherle 164

Bärentatzen 140
Baiser-Heidelbeer-Torte 69
Barbara-Kuchen 50
Basler Leckerli 153
Baumkuchen 53
Beeren-Mandeltorte 71
Belgrader Brot 146
Berliner Pfannkuchen 43
Bienenstich 31
Bierstengel 193
Birnentorte 66
Biskuitigel mit Mokkacreme 94
Biskuit-Obsttörtchen 113
Biskuit-Obsttorte 59
Biskuitrolle 94
Blätterteig-Brezeln 106
Blätterteig-Grundrezept 103
Blätterteig-Pastetchen 185
Blätterteigtorte 104
Brandteig 107
Brenten, Frankfurter Art 146
Brezeln, russisch 39
Brioche 35

Bröselteig 70
Brötchen, Linzer Art 155
Brötchen, Wiener Art 158
Brombeerkuchen 70
Brottorte 81
Brühteig 107
Butterbrötchen 140
Buttercreme 174
Buttergebäck 164
Butter-S 161
Butter-Zucker-Kuchen 200

Cremeschiffchen 116
Cremeschnitten 106
Cremetörtchen 116
Christstollen, sächsisch 46

Damebrett 166
Dampfnudeln 33
Dampfnudeln, aufgezogen 33
Dampfnudeln, gebacken 33
Dampfnudeln, gerollt 34
Dattelnüßchen 167
Diabetiker-Brot 191
Diabetiker-Quark-Obst-Kuchen 64
Diabetiker-Sachertorte 86
Dominosteine 165

Eclairs 108
Eierlikörglasur 180
Einfache Honiglebkuchen 149
Einfaches Schnitzbrot 197
Eisröllchen 133
Eiweiß-Glasur 181
Eiweiß-Schokoladenglasur 181
Elisabethentorte 97
Elisenlebkuchen 152
Englisches Kapselbrot 192
Erdbeer-Buttercreme 175
Erdbeerkuchen 68
Erdbeertaschen 114
Erdbeertörtchen 58
Erdbeertorte 68
Erdbeertorte mit Quark-Creme 67

Fächertorte 98
Falsche Mandeltorte 84
Faschingskrapfen, Wiener Art 124

Fasnetsküchle 43
Fastnachtskrapfen 43
Fastnachtsküchlein 43
Feine Honiglebkuchen 150
Feiner Teekranz 52
Flachswickel 32
Flachszöpfe 32
Florentiner 118
Frankfurter Brenten 146
Frankfurter Kranz 89
Französischer Apfel-Biskuit 203
Frucht-Mandel-Kuchen 54
Früchtebrot 196
Früchtecreme 175

Gebrannte Mandeln 171
Geburtstagstorte 87
Gefüllte Hefetaschen 187
Gefüllte Makronen 134
Gelbe-Rüben-Torte 83
Geleelebkuchen 153
Gerstenstollen 35
Gespritzte Makronen 131
Gewürzkuchen 51
Glasuren 180 f.
Gleichgewichtstorte 93
Gold- und Silbertorte 93
Grahambrot 191
Grießkirschenkuchen 76
Grießmakronen 135
Grießtorte 80
Grünkernmehltorte 80
Gugelhopf 28
Gugelhopf, einfach 28
Gugelhopf, Wiener Art 29

Hägenmakronen 134
Haferflockenkrapfen 124
Haferflockenmakronen 136
Hagebuttenmakronen 134
Haselnußbusserln 138
Haselnußcreme 176
Haselnußkranz 200
Haselnußmakronen 137
Haselnußringe 162
Haselnuß-S 162
Haselnußschnitten 138

Haselnußstangen 162
Haselnußtorte 88
Havannatörtchen 117
Hefeblätterteig 36
Hefebrezeln 32
Hefehörnchen 32
Hefekranz 27
Hefemann 201
Hefetaschen, gefüllt 187
Hefe-Wespennester 39
Hefezopf 199
Heidelbeer-Baiser-Torte 69
Heidelbeerkuchen mit Rahmguß 69
Heidelbeertörtchen 59
Heidesand 166
Helenenschnitten 148
Himbeerbrötchen 157
Himbeerkuchen 70
Himbeerkuchen mit Weinguß 70
Himbeerlebkuchen 152
Himbeerschnitten 148
Hippen 133
Hobelspäne 132
Holländer Kirschtorte 101
Holländische Schokoladentorte 100
Honiglebkuchen, einfach 149
Honiglebkuchen, fein 150
Hufeisen 122
Husarenkrapfen 161
Hutzelbrot 196

Johannisbeerkuchen 71
Johannisbeertörtchen 59

Käse-Apfel-Kuchen 62
Käsekekse 189
Käsekuchen 63
Käsekuchen mit Frischkäse 65
Käsekuchen mit Rumrosinen 64
Käse-Sahnetorte 96
Käsestangen 206
Käsewindbeutel 188
Käswähe 206
Kaffeebrot, einfach 28
Kaffee-Sahne-Torte 88
Kaiserkragen 105
Kalte Pracht 129
Kalter Hund 129
Kapselbrot, englisch 192
Kapselbrot Malakoff 192
Karamel-Glasur 181
Kartoffelkuchen, süße Art 63
Kartoffeltorte 81
Kastanientorte 82
Kekse 159
Kirschenkuchen mit Milchguß 72

Kirschenkuchen mit Schokolade 75
Kirschenkuchen mit Weckteig 76
Kirschenkuchen, Wiener Art 72
Kirschentörtchen 58
Kirschentorte, umgedreht 75
Kirschtorte, holländisch 101
Kirschtorte, Schwarzwälder Art 100
Kleiebrötchen 140
Kochschulbrötchen 146
Königskuchen 47
Kokos-Ananas-Ring 204
Kokosnußmakronen 136
Kokos-Orangen-Kuchen 201
Kraftbrot mit Haferflocken 192
Krokant 171
Kümmelbrötchen 194
Kümmelbrot ohne Rinde 192

Laugenbrezeln 193
Lebkuchen, Nürnberger Art 151
Lebkuchen, weiß 150
Linzer Brötchen 155
Linzer Schneckchen 132
Linzer Torte 85
Löffelbiskuits 123
Lübecker Leckerli 155
Luisenbrötchen 159

Madeleines 123
Makronengebäck 135
Makronen, gefüllt 134
Makronen, gespritzt 131
Makronen-Obst-Torte 102
Makronentorte 102
Malakoff-Torte 90
Mandel-Beerentorte 71
Mandelbögen 145
Mandelbrötchen 140, 146
Mandelcreme 179
Mandel-Frucht-Kuchen 54
Mandelhäufchen 139
Mandelhalbmonde 147
Mandelkrapfen 107
Mandelmakronen 134
Mandeln, gebrannt 171
Mandelringe 145
Mandelschnitten 120
Mandelspieße 147
Mandelsterne 141
Mandeltorte, falsch 84
Mandel-Weingebäck 164
Mandelzungen 133
Marabella-Frucht-Torte 205
Margareten-Schnitten 120
Marmorkuchen 49
Marzipan 172

Marzipan-Brezeln 173
Marzipanfiguren 173
Marzipankartoffeln 173
Marzipankonfekt 172
Marzipanmakronen 133
Maultaschen, süß 41
Mehrfruchtkuchen 77
Memminger Brot 34
Meringen 117
Meringentörtchen 118
Mischbrot 191
Mohnbrötchen 194
Mohnstollen 45
Mohnzöpfchen 194
Mohrenköpfe 115
Mohrenkuchen 48
Mokkabohnen 170
Mokka-Buttercreme 174
Mokka-Glasur 181
Mokkaring 53
Mundbiß 157

Napfkuchen 28
Natronkuchen mit Kaffee 49
Nikolaus 201
Nougat-Kranz 204
Nougatpralinen 168
Nürnberger Lebkuchen 151
Nußbonbons 169
Nußbrötchen 139
Nuß-Buttercreme 174
Nußcreme 179
Nußhörnchen 36
Nußring 43
Nußrolle 90
Nußtörtchen 113
Nußwürfel 112

Obstkuchen 57
Obsttörtchen 112
Obsttorte 57
Orangen-Biskuit-Savarin 203
Orangenbrötchen 160
Orangen-Buttercreme 174
Orangencreme 176
Orangencremetorte 96
Orangenglasur 180
Orangen-Kokos-Kuchen 201
Orangen-Sahnecreme 176
Osternestchen 132
Ostertorte 99

Petit fours 115
Pfannkuchen, Berliner Art 43
Pfeffernüsse 154
Pfirsichkuchen 66
Pflaumenkuchen 202